# 설민석의 초등 한국사 2

## 고려편

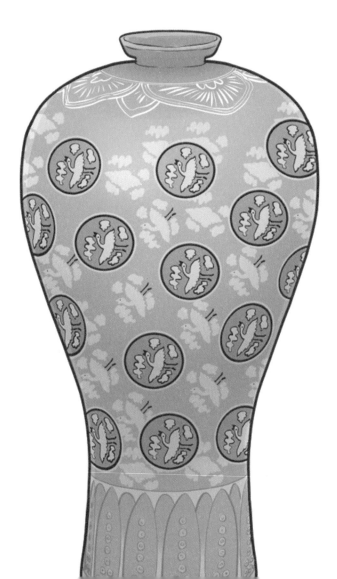

# 우리 아이를 둔 학부모님께

사랑하는 우리 아이를 둔 아버님, 어머님 안녕하십니까.
우리의 역사를 보다 재미있고 쉽게, 널리 알리고자 노력하고 있는
설민석입니다.

그동안 초·중등 대상 학습 교재와 강의에 대한 많은 문의가 있었습니다.
오랫동안 시장 조사와 교재 및 강의를 연구한 끝에 설민석의 오픈아이
초등 한국사 시리즈로 인사드리게 되었습니다.

교과서는 물론, 시중의 학습 교재와 강의의 장단점을 철저히 분석하여
장점은 극대화하고 단점은 최소화하였습니다.
단순히 지식만을 담아 초·중등학교 시험 대비로 그치는 것이 아니라 실제
역사 속 인물에 공감하고 하나의 사건을 다양한 시작으로 볼 수 있는 단원도
따로 구성하였습니다. 역사 논술은 물론 삶의 지혜까지 담은 훌륭한 교재를
만들려고 노력하였습니다.

학습 만화, 소설, 강연 등을 통해 전달해 드렸던 재미와 감동을
이제는 초등 학습서와 강의로 전하고자 합니다.
설민석의 오픈아이 초등 한국사를 통해 우리 아이와 함께 밝은 미래를
그려나가겠습니다.

우리아이
오픈아이
단꿈아이

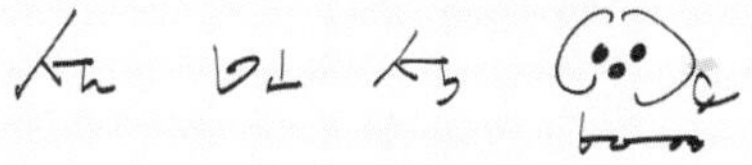

# 이 책의 구성과 특징

**1**

## 또 다른 모험의 시작

한국사 대모험 시리즈에 등장하는 인물을
통해 우리 한국사를 공부하는 이유를
애니메이션으로 표현한 코너입니다.
한국사 대모험을 통해 가슴에 의식을
담았다면, 설민석의 오픈아이 초등 한국사는
여러분의 머릿속에 지식을 담아줄 것입니다.

**2**

## 오픈아이

베스트셀러인 한국사 대모험 시리즈의
주인공들이 시간 여행을 떠나면서 단원별
핵심 주제와 관련된 일화를 애니메이션으로
표현하였습니다.
6컷 만화가 우리 아이의 흥미를 유발하여
공부를 재미있게 할 수 있도록 도와줍니다.
강의에서는 움직이는 무빙툰 영상으로
제작되어 찾아갑니다.

**3**

# 한판 정리

한판 정리는 초·중등 교육과정과 교과서, 한국사능력검정시험 기본편을 완벽하게 분석하여 단원별 핵심을 한눈에 볼 수 있도록 정리하였습니다.

초·중등 시험과 한국사능력검정시험에 최적화된 핵심 요약을 실제 설쌤의 강의와 함께 정리할 수 있습니다.

**4**

# 설쌤의 한국사 스토리텔링

설쌤의 강의를 들은 후 스스로 복습할 때 이해를 돕고자, 실제 설쌤의 강의를 줄글로 옮겨 두었습니다. 현행 교과서는 역사적 사실을 짧고 간결하게 서술하고 있습니다. 그래서 우리 아이가 학교 교과서로 공부할 때 이해하기 어려운 부분을 설민석의 오픈아이 초등 한국사에서 모두 풀어 설명해 드립니다. 실제 설쌤의 음성 지원 효과와 함께 학습할 수 있습니다.

**5**

# 자료보기

초·중등 교과서와 한국사능력검정시험에 나오는 자료 중 현행 교육과정에서 다루는 필수적인 자료를 수록하였습니다. 또한 우리 아이의 흥미를 높이고자 단원별 핵심 장면을 애니메이션 형식으로 넣었습니다. 단순히 자료를 확인하는 것이 아닌, 설쌤의 강의를 들으며 함께 살펴볼 수 있습니다.

개념 정리를 넘어 필수 자료까지 설민석의 오픈아이 초등 한국사를 통해 정리해 보세요.

**6**

# 더 알아보기

한국사 공부를 어렵게 하는 생소한 단어에 대한 설명을 풀어서 설명해줍니다.

또한, 이해를 돕기 위한 추가 자료(역사적 사료, 사진 자료 등)를 수록하여 우리 아이가 학습하는데 큰 도움을 줄 것입니다.

**7**

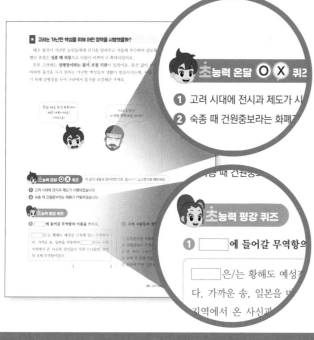

# 초능력 온달 O, X 퀴즈

초등학교·중학교 교육과정에 명시된 핵심 주제를 바탕으로, 실제 학교 시험에 나오는 중요한 포인트를 O, X 퀴즈 형식으로 제작하였습니다.

# 초능력 평강 퀴즈

실제 학교 시험 문제와 동일한 유형과 난이도로 제작한 초능력 평강 퀴즈는 우리 아이가 학교 시험을 대비할 수 있도록 도와줍니다.

**8**

# 초능력 Level up 문제

단원별 학습 내용을 바탕으로 자체 제작한 객관식, 주관식 문제를 풀어보며 개념을 되짚어 볼 수 있습니다.
또한, 실제 한국사능력검정시험 문제를 풀어보며 시험에 대한 실전 감각을 높일 수 있도록 도와드립니다.

# 이 책의 구성과 특징

## 9

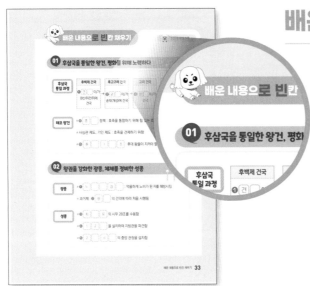

### 배운 내용으로 빈칸 채우기

대단원이 마무리될 때, 앞서 배운 핵심 개념에 대한 빈칸 채우기를 하며 내용을 되짚어 볼 수 있습니다.

단순히 읽고 끝나지 않도록, 머릿속에 지식을 채워 넣을 수 있는 복습의 기회를 제공해 드립니다.

## 10

### 설쌤의 지식 오픈!

배운 대단원과 관련된 인문학 지식을 소개하고 그와 관련된 생각을 자유롭게 적어볼 수 있습니다.

현행 교육과정에서는 알기 어려운 다양한 역사 관련 이야기가 수록되어 있습니다.

설쌤의 지식 오픈을 통해 우리 아이의 인문학적 지식을 넓혀 드립니다.

## 11

# 역사논술

지식의 습득도 중요하지만, 사고력을 높이는
것도 중요합니다.
역사논술 코너는 역사적 사실을 바탕으로
우리 아이의 생각을 논리적으로 서술할 수
있는 능력을 길러 줄 것입니다.

## 12

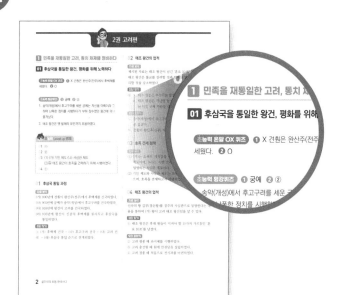

# 정답과 해설

퀴즈와 문제는 정답을 맞혔다고 하더라도
우리 아이가 정확하게 알고 풀었는지 한 번 더
확인해보아야 합니다.
친절한 해설을 통해 이해되지 않았던 부분도
완벽히 이해하여 내 것으로 만들 수 있도록
도와줍니다.

# 이 책의 차례

## 2권 고려편

## 4 원의 지배에서 벗어나기 위한 노력

## 5 고려 시대 사람들의 생활 모습과 독창적인 문화의 발달

# 정답과 해설

# 또 다른 모험의 시작

그렇다면 황대감은 온달에게 문제를 내도록 하라.

참나. 무엇이든 물어보세요!

첨성대요!

좋다! 신라 선덕여왕 때 만들어진 천문 관측기구로…

이럴 수가! 그럼, 천마도가 발견된 무덤인 천마총의 무덤 양식은…

돌무지 덧널무덤이요! 제가 천마도를 망토로 썼었거든요!

아니…! 언제 그렇게 똑똑해졌느냐?

설 박사! 그대의 능력은 실로 대단하오! 온달이 저렇게 똑똑해졌소.

모두 온달이 열심히 따라와 준 덕분입니다.

이번에는 어느 시대로 떠날 예정이오?

이제 고려 시대로 떠나려 합니다.

이번에도 잘 부탁하오.

좋아요! 어서 떠나요~

설쌤! 이번에도 함께해 주실거죠?

물론! 이번엔 고려 시대의 지식을 머릿속에 담아주마!

신라

# 01 후삼국을 통일한 왕건, 평화를 위해 노력하다

918년 936년

고려 건국 | 후삼국 통일

오픈아이

설쌤! 오랜만이네요!

이번에는 어디로 가나요?

이번에는 후삼국 시대로 떠날 거야!

콜록 콜록 슉!!

누가 기침소리를 내었느냐! 저들을 잡아와라!

짐은 미륵이다. 관심법으로 마음을 읽을 수 있지. 너는 배가 고프구나!

우와~ 어떻게 아셨어요?

너는 지금 그게 중요하니?

뒤에 안경 쓴 너는 역사 전문가구나. 짐은 다 알고 있어!

무슨 말씀이신지요? 오늘 처음 뵙는데요?

짐의 관심법을 무시하는 것이냐? 여봐라! 저자를 매우 쳐라!

잠깐만요, 폐하! 할말이 있사옵니다!

말해보라. 할말이 무엇이냐!

제가 드릴 말씀은 바로 이것입니다.

얘들아! 떠나자!

슈욱

르륵

## 한판 정리

### ✩ 신라 말의 상황과 고려의 후삼국 통일

| 신라 말 | 후백제 | 후고구려 | 고려의 후삼국 통일 과정 |
|---|---|---|---|
| • 농민 봉기 : 원종·애노의 난<br>• 호족 성장 | • 견훤<br>• 완산주(전주)에서 건국 | • 궁예<br>• 송악(개성)에서 건국<br>• 철원 천도<br>• '태봉'으로 국호 변경 | ① 왕건의 고려 건국 → ② 공산 전투(후백제 승) → ③ 고창 전투(고려 승) → ④ 아들 신검이 견훤을 금산사에 가둠 → ⑤ 신라 경순왕 항복(경순왕 사심관 임명) → ⑥ 일리천 전투(고려 승) → ⑦ 후백제 멸망 → ⑧ 고려의 후삼국 통일 |

## 한판 정리

 태조 왕건의 정책

| | 태조 왕건 |
|---|---|
| 업적 | • 호족 통합 : 혼인 정책<br>• 호족 견제 : 기인 제도, 사심관 제도<br>• 백성 생활 안정 : 흑창 설치<br>• 훈요 10조 : 불교 중시, 거란 배척, 서경 중시 |

후삼국을 통일하셨네!

# 신라 말의 상황과 후삼국의 성립에 대해 알아봅시다

## ✳ 신라 말의 상황은 어떠하였을까?

삼국을 통일한 후 화려한 문화를 꽃피우던 신라도 점점 저물어 갔어요. 귀족들은 서로 권력을 차지하려고 싸웠고, 사치스러운 생활을 계속하고자 백성들에게 많은 세금을 거두어들였어요. 혼란스러운 사회 속에서 지배층의 수탈로 비참한 삶을 살아가던 백성들은 살던 곳을 떠나 도적이 되거나 참다못해 반란을 일으켰어요. 특히 9세기 말 **진성 여왕 때는 원종과 애노가 농민 봉기**를 일으켰답니다.

이렇게 왕이 힘을 잃자 지방에서 자신만의 세력을 키우며 성장한 사람들이 등장했는데, 이들을 **호족**이라고 불러요. 이들은 신라 골품 제도에 불만을 품고 있던 6두품과 함께 신라를 바꾸고자 했어요. 이때 자신만의 나라를 세울 정도로 **힘을 키운 호족들이 등장**했으니, 바로 **견훤과 궁예**예요.

### 더 알아보기

**✳사치스럽다**
필요 이상의 돈을 쓰거나 분수에 맞지 않는 생활을 함

**✳수탈**
강제로 빼앗음

**✳봉기**
많은 사람들이 벌떼처럼 떼지어 세차게 일어남

**✳호족**
신라 말에서 고려 초에 활동한 지방 세력

궁예는 왜 애꾸눈이 되었을까?

궁예가 태어날 무렵 신라에서는 왕위를 차지하기 위한 다툼이 계속되었어요. 이 과정에서 궁예를 죽이라는 지시를 받은 사람이 궁예를 높은 곳에서 떨어뜨려 죽이려 하자, 궁예의 유모가 몰래 떨어지는 아이를 손으로 받았어요. 이때 손가락으로 궁예의 눈을 찔러 한쪽 눈을 크게 다쳤다고 해요.

*국호
나라의 이름

*미륵
인간을 구원할 미래의 부처

## * 후삼국 시대는 어떻게 시작되었을까?

신라의 군인이었던 **견훤**은 농민 출신의 아버지를 둔 호족이었어요. 견훤은 신라 말에 농민 봉기가 일어나 사회가 혼란한 틈을 타 6두품 세력과 힘을 합쳐 **오늘날 전라북도 전주인 완산주 지역에서 후백제**를 세웠어요.

반면 신라의 왕자 출신인 **궁예**도 양길이라는 호족 밑에서 차근차근 힘을 키우기 시작했어요. 결국 궁예는 자신을 따르는 무리가 많아지자 양길을 몰아내고 **오늘날 개성인 송악 지역에서 후고구려를 건국**했어요. 이로써 한반도에는 신라, 후백제, 후고구려가 서로 경쟁하는 후삼국 시대가 시작된 거예요.

## * 나는 사람의 마음을 읽는다! 궁예는 왜 쫓겨났을까?

후고구려를 세운 **궁예는 수도를 철원으로 옮기고, 국호를 '태봉'으로 바꾸며** 나라를 안정시켰어요. 그런데 신하들 사이에서 불만의 목소리가 들려왔어요. 왜냐하면 궁예가 점점 난폭해졌기 때문이에요.

"나는 사람의 마음을 꿰뚫어 보는 미륵이다! 저자가 나를 배신하려고 했으니 당장 죽여라!"

궁예는 자신을 미륵이라 칭하고 사람의 마음을 읽을 수 있는 관심법을 쓴다며 모두를 의심했고, 심지어 자신의 부인과 자식을 죽이는 몹쓸 짓까지 벌였어요. 결국 참지 못한 신하들은 궁예를 몰아내기로 결심했어요.

# 고려의 건국과 후삼국 통일 과정에 대해 알아봅시다

## ✳ 고려는 어떻게 건국되었을까?

궁예의 신하 중에는 **왕건**이라는 사람이 있었어요. 왕건은 후고구려가 세력을 넓히는 데 큰 공을 세우며, 차근차근 힘을 키워나갔어요. 그러던 중 궁예가 많은 사람들을 죽이며 난폭한 정치를 하자, 왕건은 여러 호족들과 힘을 합쳐 궁예를 몰아내고 918년에 새로운 나라 **고려를 건국**했어요. 왕건은 고려의 수도를 다시 **송악(개성)**으로 옮겼답니다.

## ✳ 고려와 후백제의 싸움, 과연 승자는?

고려가 건국된 후 한반도에는 긴장감이 돌았어요. 그러던 중 후백제의 견훤이 신라를 공격하여 신라의 왕까지 죽이는 일이 발생했어요. 소식을 들은 왕건은 신라를 구하기 위해 경주로 군사를 보냈어요. 하지만 고려군이 올 것을 예상하고 있던 **견훤은 오늘날 대구에 있는 공산에서 고려군을 공격했고(공산 전투), 고려는 크게 패배**했어요. 이때 왕건은 혼자 간신히 살아서 돌아갔다고 해요.

하지만 왕건은 포기하지 않고, 언젠가 또다시 있을 후백제와의 전투를 위해 실력을 갈고 닦았어요. 이후 **후백제가 오늘날 안동인 고창을 다시 공격하였으나(고창 전투), 전쟁을 준비하고 있던 고려가 크게 승리**하며 후삼국의 주도권*이 고려로 넘어오게 되었어요.

온달아. 고려는 어렵지? 그만하는 것이 어때?

포기 안 해요! 설쌤과 함께 열심히 할 거예요!

✳**주도권**
어떤 일을 주도하여 이끌어 갈 수 있는 권리

* 후계자
뒤를 이어 다음 왕이 될 사람

## ✳ 예상치 못한 곳에서 발생한 후백제의 위기!!

세월이 흘러 어느덧 견훤이 나이가 들어 후계자*를 정할 때가 되었어요. 견훤에게는 여러 명의 아들이 있었는데, 견훤은 넷째 아들인 금강에게 자신의 왕위를 물려주고 싶어 했지요. 이를 알게 된 첫째 아들 신검은 크게 화가 났어요.

'첫째 아들인 내가 아버지를 도와 전쟁터에서 큰 공을 세웠으니 당연히 내가 왕이 되어야지!'

결국 **신검은 동생 금강을 죽이고 아버지 견훤을 금산사라는 절에 가두어 버렸어요.** 아들끼리 서로 싸운 것도 모자라, 아들에 의해 절에 갇혀 버린 견훤은 큰 충격을 받았어요. 금산사에서 간신히 탈출한 견훤은 복수를 다짐하며, 후백제를 뒤로하고 고려의 태조 왕건을 찾아가 항복했답니다.

고려의 편에 선 아버지 견훤과 후백제를 이끄는 아들 신검, 과연 앞으로 후백제의 운명은 어떻게 될까요?

## ✳ 고려는 어떻게 후삼국을 통일하였을까?

이 모든 상황을 지켜보던 **신라의 경순왕은 후백제가 결국 무너질 것이라 생각하고, 미리 고려에 항복**했어요. 그러자 왕건은 경순왕을 반갑게 맞이하며 경주의 **사심관**이라는 벼슬까지 내려줬어요.

후백제의 견훤과 신라의 경순왕까지 고려에 항복한 상황에서 고려의 기세는 하늘을 찔렀어요. 결국 고려는 신검이 이끄는 후백제를 **일리천**에서 물리쳤고 (**일리천 전투**), 이로써 **고려가 다시 후삼국을 통일**했답니다.

* 사심관
고려 시대에 중앙 관리를 통해 출신 지역을 관리하도록 한 벼슬

▲ 고려의 민족 재통일

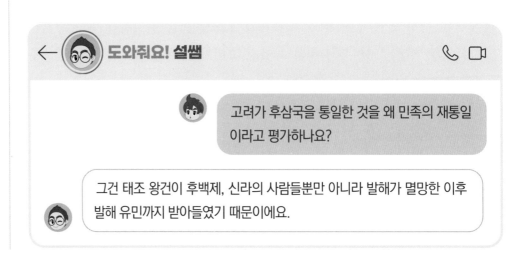

도와줘요! 설쌤

고려가 후삼국을 통일한 것을 왜 민족의 재통일이라고 평가하나요?

그건 태조 왕건이 후백제, 신라의 사람들뿐만 아니라 발해가 멸망한 이후 발해 유민까지 받아들였기 때문이에요.

# * 태조 왕건은 호족을 다스리기 위해 어떤 정책들을 펼쳤을까?

호족들의 도움을 받아 왕이 되고, 후삼국을 통일하는 데 성공한 태조 왕건은 호족과 좋은 관계를 유지해야 했어요. 그래서 왕건은 호족을 하나로 모으는 정책(호족 통합 정책)을 펼쳤는데, 대표적으로 **혼인 정책**이 있어요. 혼인 정책이란 왕건이 호족들의 딸과 정략결혼*을 함으로써 호족이 왕실의 가족이 되도록 한 정책을 말해요. 왕건과 호족이 가족이 되어 관계를 더욱 돈독히 할 수 있었던 것이었죠.

하지만 왕건에게 호족은 큰 고민거리가 되기도 했어요. 왕이 되는 데 도움을 준 호족들이지만 언제든지 자신의 왕권을 위협할 수도 있었기 때문이에요. 그래서 왕건은 호족을 견제*하기 위한 정책(호족 견제 정책)도 펼쳤는데, 먼저 호족의 자식들을 수도인 개경(송악)에 머물도록 해 인질로 잡아두는 **기인 제도**가 있었답니다. 또 지방 세력 출신으로 중앙 관리가 된 사람을 출신 지역의 사심관으로 임명하여, 그 지역에 문제가 생겼을 때 책임을 지도록 하는 **사심관 제도**가 있었어요. 신라의 마지막 왕 경순왕을 경주의 사심관으로 임명했다는 사실, 기억하시나요?

**＊정략결혼**
이익이나 목적을 위하여 하는 결혼

**＊견제**
경쟁 대상이나 감시 대상이 지나치게 힘을 갖거나 자유롭게 행동하지 못하도록 억누름

**＊인질**
약속을 지키도록 볼모로 잡아두는 사람

**흑창**

고구려의 진대법과 비슷한 흑창이 고려 성종 때 의창으로 이름이 바뀌었어요.

**＊장려**

어떤 일에 힘쓰도록 북돋아 줌

# ＊ 태조 왕건은 백성들을 위해 어떤 정책들을 펼쳤을까?

한편 태조 왕건은 통일로 혼란스러워진 백성들의 생활을 안정시키기 위해 **흑창을 설치**했어요. 흑창은 가난한 농민을 구제하기 위한 기구로, 한 해의 농사를 망쳐 식량이 부족할 때 이곳에서 곡식을 빌려주고 가을에 추수하여 갚도록 했어요.

시간이 흘러 병에 걸린 태조 왕건은 신하들에게 자신이 죽고 난 이후 후대 왕들이 지켜야 할 10가지의 가르침을 유언으로 남겼는데, 이를 '**훈요 10조**'라고 해요. 그중 일부를 함께 살펴볼까요?

### 훈요 10조

1조  불교의 힘으로 나라를 세웠으니 **불교**를 장려＊하라.

4조  **거란**은 짐승의 나라이므로 제도를 본받지 말라.

 → 발해를 멸망시킨 거란을 멀리함

5조  해마다 **서경(평양)**에 100일 이상을 머물러라.

 → 서경을 중시하여 북쪽으로 영토를 넓히려는 뜻이 담김

## 초능력 온달 ⭕❌ 퀴즈   이 글의 내용과 일치하면 O표, 일치하지 않으면 X표 해보세요.

❶ 견훤이 완산주(전주)에서 후고구려를 세웠습니다.   ( ⃝ , ✗ )

❷ 고려의 왕건이 후백제를 물리치고 후삼국을 통일하였습니다.   ( ⃝ , ✗ )

## 초능력 평강 퀴즈

❶ 다음에서 설명하는 인물을 쓰시오.

• 송악(개성)에서 후고구려를 세웠다.
• 자신을 미래의 부처인 미륵이라 칭하며 왕권을 강화하였다.
• 부하 장수였던 왕건에 의하여 쫓겨났다.

(       )

❷ 태조 왕건의 업적으로 옳지 <u>않은</u> 것을 고르시오.

(    )

① 고려를 세웠다.
② 발해 유민을 배척하였다.
③ 북진 정책을 추진하였다.
④ 호족을 통합하기 위해 혼인 정책을 펼쳤다.
⑤ 호족을 견제하기 위해 기인 제도를 시행하였다.

😊 정답과 해설 2쪽

 정답과 해설 2쪽

## 우리학교 객관식 문제

**01** 〈보기〉의 사실을 순서대로 나열한 것은?

┤ 보기 ├
- (가) 후백제 건국
- (나) 후고구려 건국
- (다) 고려 건국
- (라) 후삼국 통일

① (가) – (나) – (다) – (라)
② (가) – (나) – (라) – (라)
③ (나) – (가) – (다) – (라)
④ (나) – (가) – (라) – (다)
⑤ (다) – (나) – (가) – (라)

**02** 다음 글을 남긴 인물에 대한 설명으로 옳은 것을 〈보기〉에서 고른 것은?

1조  불교의 힘으로 나라를 세웠으니 불교를 장려하라.
4조  거란은 짐승의 나라이므로 제도를 본받지 말라.

┤ 보기 ├
- ㄱ. 후삼국을 통일하였다.
- ㄴ. 수도를 철원으로 옮겼다.
- ㄷ. 완산주(전주) 지역에서 후백제를 건국하였다.
- ㄹ. 가난한 농민을 구제하기 위해 흑창을 설치하였다.

① ㄱ, ㄴ        ② ㄱ, ㄹ        ③ ㄴ, ㄷ
④ ㄴ, ㄹ        ⑤ ㄷ, ㄹ

## 우리학교 주관식 문제

**03** 다음 자료를 읽고 물음에 답하시오.

(가) 호족의 자식들을 수도인 개경에 머물도록 해 일종의 인질로 잡아두는 제도
(나) 지방 세력 출신으로 중앙 관리가 된 사람을 출신 지역의 사심관으로 임명하는 제도

(1) (기), (나) 제도의 이름을 각각 쓰시오.
(가) :
(나) :
(2) (가), (나) 제도를 시행한 목적을 쓰시오.
(                                                      )

## 한국사능력검정시험

**04** (가) 왕에 대한 설명으로 옳은 것은?
기본 57회

신라 왕 김부가 항복해 왔습니다.

신라를 경주라 하고, 그를 경주의 사심관으로 임명하라.

(가)

① 훈요 10조를 남겼다.
② 과거제를 시행하였다.
③ 만권당을 설립하였다.
④ 전시과를 마련하였다.

949년 · 고려 광종 즉위
981년 · 고려 성종 즉위

오픈아이

## 고려 광종과 성종의 업적

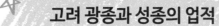

| | 광종 | 성종 |
|---|---|---|
| 업적 | • 노비안검법 : 불법으로 노비가 된 자를 해방<br>• 과거제 : 쌍기의 건의 | • 국가 체제 및 제도 정비<br>• 최승로의 「시무 28조」 수용<br>　- 유교 정치<br>　- 12목 설치, 지방관 파견<br>　- 국자감 정비<br>• 2성 6부 정비 |

# 고려 광종의 정책에 대해 알아봅시다

 더 알아보기

## ✱ 왕실에 불어닥친 피바람, 고려의 앞날은?

태조 왕건이 죽은 이후 예상치 못한 곳에서 문제가 발생했어요. 수많은 호족들의 딸과 혼인한 태조 왕건은 수십 명의 아들을 두었고, 태조 왕건이 죽자 호족들 사이에서 자신의 아들을 왕위에 앉히기 위한 권력 다툼이 시작된 거예요. 태조의 첫째 아들인 혜종과 둘째 아들인 정종이 이어서 왕이 되었지만 모두 왕위 다툼에 휘말려 일찍 죽고 말았어요. 형들의 뒤를 이어 고려의 네 번째 왕이 된 광종은 왕권을 강화하기 위해서 호족의 힘을 눌러야 했어요.

## ✱ 광종은 왜 노비안검법을 시행했을까?

호족에 맞서기 위해 기회를 엿보던 어느 날, 광종이 말했어요.

**"억울하게 노비가 된 자들을 조사하여 평민으로 해방**해 주도록 하라."

그러자 호족들이 크게 반대했어요. 그렇다면 광종은 왜 갑자기 노비를 해방시키는 정책을 시행한 것이며, 호족들은 이를 왜 반대한 걸까요?

✱해방
억압에서 벗어나게 함

후삼국이 통일되는 과정에서 생겨난 수많은 노비들은 호족의 재산으로 여겨졌어요. 호족은 노비들의 노동력을 이용하여 농사를 지었고, 사병*으로 키워 군사력을 늘리기도 하였어요. 그런데 노비를 해방시키면 호족의 재산과 군사력을 빼앗는 동시에 나라에 세금을 내는 평민을 늘려 왕의 힘을 강하게 할 수 있었던 것이죠. 이러한 광종의 정책을 **노비안검법**이라고 합니다.

## ✳ 광종은 왜 과거제를 시행했을까?

이때까지 호족들은 대대로 자식들에게 관직을 물려주며 집안의 권력을 유지했어요. 하지만 광종은 자신에게 충성하는 새로운 관리들이 필요하다고 생각했어요. 그때 중국의 후주에서 온 **쌍기가 시험을 쳐서 관리를 뽑는 과거제**의 시행을 건의했어요.

과거제는 집안의 좋고 나쁨과 상관없이 능력에 따라 관리가 될 수 있는 제도예요. **광종은 쌍기의 건의를 받아들여 처음으로 과거제를 시행**했고, 새롭게 뽑힌 관리들은 광종을 지지하는 세력이 되어 호족의 힘을 약화시켰답니다.

***사병**
개인이 가진 병사

**후주 출신 쌍기는 누구?**
원래 중국의 후주라는 나라에서 관직을 맡고 있었는데, 956년 (광종 7)에 후주 사신을 따라 고려에 왔다가 병에 걸려, 고려에 머무르다 귀화(고려의 백성이 되는 것)한 인물이에요. 광종은 쌍기를 알아보고 벼슬을 주어 왕권 강화 정책을 함께 펼쳤어요.

온달아!
평강이와 결혼하려면
시험 봐야하지?
내가 과거 시험보다
어렵게 문제를 낼 것이야!
흐흐

# 고려 성종의 정책에 대해 알아봅시다

**왕의 이름에서 알 수 있는 왕의 업적?**

'광종', '성종' 등은 왕이 죽은 후 왕의 업적을 기리며 붙인 이름이에요. 그중 '성(成)' 자는 '이루다'라는 뜻으로, 주로 체제와 제도를 정비해 나라의 기틀을 세운 왕에게 붙이는 이름이랍니다.

## ✱ 성종은 어떻게 고려의 제도와 문물을 완성했을까?

광종이 강력한 힘을 바탕으로 호족에 의한 정치적 혼란을 정리했다면, 성종은 앞으로 고려가 올바른 정치를 해나갈 수 있도록 고려의 정치 체제를 새롭게 정리하여 완성한 왕이에요.

왕위에 오른 성종은 신하들을 모아 놓고 이렇게 명령했어요.

"5품 이상의 관리들은 글을 올려 나랏일의 좋고 나쁨에 대한 의견을 말하라."

이때 새로운 국가를 만들기 위해 필요한 점을 적어 올린 신하가 있었으니, 바로 성종이 고려의 제도를 정비할 때 큰 도움을 준 최승로였어요. **최승로는 시무 28조를 올려 고려가 유교를 바탕으로 나라를 다스려야 한다고 주장**했고, 성종이 이를 받아들인 것이었지요. 태조 왕건 때부터 불교를 중요하게 생각한 고려가 왜 유교 정치를 시행하게 된 것일까요?

유교는 임금에 대한 충성과 부모에 대한 효를 중시하였기 때문에, 유교 정치를 시행하면 사회 질서가 바로잡히겠다고 생각했던 거예요.

## ✽ 성종은 어떤 정책을 실시했을까?

성종은 최승로의 건의를 받아들여 국가의 통치 권한이 중앙으로 집중되도록 하는 정책들을 실시했어요. **전국에 12목이라는 지방 행정 조직을 설치**한 뒤, 각 12목에 **지방관을 파견**하여 왕의 명령이 지방까지 잘 전달될 수 있도록 했어요. 또한 **2성 6부라는 중앙 관청을 설치**하여 나랏일을 체계적으로 결정하고 시행할 수 있도록 만들었어요.

그리고 충성스러운 신하들을 많이 길러낼 수 있도록 **국자감이라는 교육 기관을 정비**했어요.

### 최승로의 시무28조

20조 불교를 믿는 것은 자신을 다스리는 근본이며, 유교를 행하는 것은 나라를 다스리는 근본을 구하는 것입니다. ……(중략) 나라를 다스리는 것은 오늘의 급한 일입니다.

– 『고려사』 –

임금님께 바칠 개혁안!

더 알아보기

***12목**

각 지방의 토지와 인구를 기준으로 12개의 지역을 나눈 고려의 지방 행정 조직

***2성 6부**

중서문하성과 상서성으로 이루어진 2성과 상서성 아래의 이부, 병부, 호부, 형부, 예부, 공부로 이루어진 6부를 뜻함

**국자감**

고려 시대 국립 교육 기관으로 국가에서 필요한 인재를 기르기 위한 최고의 교육 기관이었어요.

---

###  초능력 온달 ⭕❌ 퀴즈
이 글의 내용과 일치하면 O표, 일치하지 않으면 X표 해보세요.

❶ 고려 광종은 불법으로 노비가 된 자들을 풀어주는 정책을 펼쳤습니다. ( ◯ , ✕ )

❷ 태조 왕건은 최승로의 시무 28조를 받아들였습니다. ( ◯ , ✕ )

### 초능력 평강 퀴즈

❶ ㉠에 들어갈 제도의 이름을 쓰시오.

> 고려 광종 때 우리나라에서 최초로 시행된 ( ㉠ )은/는 나랏일을 하는 관리를 뽑는 시험이었다. ( ㉠ )의 시행으로 좋은 가문의 출신이 아니라도 능력이 있으면 관리가 될 수 있는 길이 열렸다.

(      )

❷ 고려 성종의 정책으로 옳은 것은? (    )

> ㉠ 국자감 정비    ㉡ 노비안검법 시행
> ㉢ 훈요 10조 반포    ㉣ 12목 설치, 지방관 파견

① ㉠, ㉡      ② ㉠, ㉢      ③ ㉠, ㉣
④ ㉡, ㉢      ⑤ ㉡, ㉣

 정답과 해설 3쪽

# 초능력 Level up 문제

정답과 해설 3쪽

## 우리학교 객관식 문제

**01** 밑줄 친 '정책'에 해당하는 것은?

> 고려 광종은 억울하게 노비가 된 자를 조사하여 풀어 주도록 하는 <u>정책</u>을 펼쳤다.

① 기인 제도
② 과거 제도
③ 노비안검법
④ 사심관 제도
⑤ 지방관 파견

**02** 밑줄 친 '왕'에 대한 설명으로 옳은 것을 〈보기〉에서 고른 것은?

> <u>왕</u>은 최승로의 시무 28조를 받아들여 국가의 통치 체제를 정비하였다.

| 보기 |

ㄱ. 나라 이름을 태봉으로 바꾸었다.
ㄴ. 2성 6부의 중앙 관청을 설치하였다.
ㄷ. 12목을 설치하고 지방관을 파견하였다.
ㄹ. 쌍기의 건의에 따라 처음으로 과거제를 시행하였다.

① ㄱ, ㄴ
② ㄱ, ㄷ
③ ㄴ, ㄷ
④ ㄴ, ㄹ
⑤ ㄷ, ㄹ

## 우리학교 주관식 문제

**03** ㉠ ~ ㉢에 해당하는 단어를 쓰시오.

> - 최승로의 ( ㉠ ) -
> 20조 ( ㉡ )을/를 믿는 것은 자신을 다스리는 근본이며, ( ㉢ )을/를 행하는 것은 나라를 다스리는 근본을 구하는 것입니다.

- ㉠ :
- ㉡ :
- ㉢ :

## 한국사능력검정시험

**04** (가)에 들어갈 내용으로 옳은 것은?

기본 64회

① 강화도로 천도했어요.
② 쌍성총관부를 수복했어요.
③ 지방에 12목을 설치했어요.
④ 과거제를 처음으로 시행했어요.

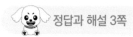
## 01 후삼국을 통일한 왕건, 평화를 위해 노력하다

**후삼국 통일 과정**

| 후백제 건국 | 후고구려 건국 | 고려 건국 | 후삼국 통일 |
|---|---|---|---|
| ❶ 견◻이/가 완산주(전주)에 건국 | ❷ 궁◻이/가 송악(개성)에 건국 | ❸ 왕◻이/가 건국 | 신라가 고려에 항복하고 후백제가 고려에 의해 멸망함 |

**태조 왕건**

- ❹ 혼◻ 정책 : 호족을 통합하기 위해 힘 있는 호족의 딸과 결혼함
- 사심관 제도, 기인 제도 : 호족을 견제하기 위함
- ❺ 훈◻1◻조 : 후대 왕들이 지켜야 할 10가지의 가르침

## 02 왕권을 강화한 광종, 체제를 정비한 성종

**광종**

- ❶ 노◻◻검◻ : 억울하게 노비가 된 자를 해방시킴
- 과거제 : ❷ 쌍◻의 건의에 따라 처음 시행됨

**성종**

- ❸ 최◻로 의 시무 28조를 수용함
- ❹ 1◻2◻ 을 설치하여 지방관을 파견함
- ❺ 2◻6◻ 의 중앙 관청을 설치함

## 설쌤의 지식 오픈!

"
# 고려 광종의 노비안검법은 좋은 정책이었을까?
"

고려 광종은 호족들이 불법으로 소유한 노비들을 해방시켜주는 노비안검법을 시행했어요. 노비안검법의 시행으로 해방된 노비들이 국가에 세금을 내게 되면서 국가의 재정 상태도 좋아졌고, 호족들의 힘이 약해지고 왕권이 강해졌답니다. 하지만 노비안검법의 부작용도 있었어요. 그것은 바로 억울하지 않은 노비들이 거짓으로 억울하다고 주장하여 나라가 혼란스러워졌다는 점이에요. 정당하게 노비를 소유한 주인 입장에서 자신의 노비가 억울하게 노비가 되었다고 주장한다면, 주인은 어떤 마음이었을까요?

고려의 태조, 광종, 성종이 추진한 정책 한 가지씩을 골라
그 정책을 소개하는 썸네일을 만들어 봅시다.

▶ Open Tube

**[ 고려 태조 ]**

조회수 10만 회 1개월 전

▶ ▶| 5:20/10:00

**[ 고려 광종 ]**

조회수 20만 회 2개월 전

▶ ▶| 5:20/10:00

**[ 고려 성종 ]**

조회수 13만 회 3개월 전

▶ ▶| 5:20/10:00

# 2 " 고려는 이민족의 침입을 어떻게 막아냈을까? "

신기군  신보군  항마군

오픈아이

## 한판 정리

### 거란의 침입과 고려의 대응

| 거란의 제1차 침입 | 거란의 제2차 침입 | 거란의 제3차 침입 |
| --- | --- | --- |
| • 원인 : 고려의 북진 정책과 친송 정책<br>• 과정 : 서희와 소손녕의 외교 담판<br>• 결과 : 강동 6주 획득 | • 원인 : 고려가 약속을 지키지 않음<br>• 과정 : 양규의 활약 | • 과정 : 강감찬의 귀주 대첩<br>• 결과 : 개경에 나성, 국경 지역에 천리장성 건설 |

# 거란의 침입에 대한 고려의 대응에 대해 알아봅시다

 더 알아보기

**＊북진 정책**
북쪽으로 나라의 세력을 뻗어 나가려는 정책

**＊송**
960년에 5대 10국을 통일하며 중국에 세워진 나라

## ＊ 거란이 고려를 침입한 이유는 무엇일까?

　고려는 나라 이름에서도 알 수 있듯이, 고구려의 정신을 이어받은 나라예요. 때문에 태조 왕건은 고구려 유민이 세운 발해를 멸망시킨 거란을 '짐승의 나라'라고 칭하며 거란을 멀리하는 **북진 정책**을 펼치기도 했지요. 이후 송이 중국 땅을 대부분 통합하자 **고려는 송과 좋은 관계를 유지하며 거란을 경계**했어요.

　송과의 전쟁 준비를 하던 거란은 고려가 송과 친하게 지내자 불안해졌어요. 언제든 고려와 송이 힘을 모아 자신을 공격할 수 있다고 생각했거든요. 결국 **거란은 고려와 송의 관계를 끊어내기 위해 고려를 침입**했답니다.

### 어쩌다 낙타 50마리는 굶어 죽었을까?

　'훈요 10조'에 거란을 멀리하라는 조항이 있을 정도로 태조 왕건은 거란에 적대적인 태도를 취했는데, 이를 잘 보여주는 일화가 있답니다.

　발해를 멸망시킨 거란은 세력이 커지자 고려에 사신과 낙타 50마리를 보내며 고려와 친하게 지내려고 했어요. 하지만 태조 왕건은 거란이 발해를 멸망시킨 짐승의 나라라고 하며 사신들을 섬으로 유배 보내고, 낙타는 만부교라는 다리 아래에 묶어 굶어 죽였어요. 그래서 이 사건을 '만부교 사건'이라고 불러요.

# ✱ 서희는 어떻게 거란의 침입을 막아냈을까?

거란이 침입하자 대부분의 신하들은 크게 두려워하며 북쪽 땅을 내어주고 거란과 화해하자고 했어요. 하지만 **서희**라는 신하는 거란이 침입한 이유가 고려와 송의 관계를 끊어내는 데 있다는 것을 알아차리고 성종에게 자신이 직접 거란의 장수를 만나 전쟁을 끝내겠다고 말했어요.

그리고 **고려의 신하 서희와 거란의 장수 소손녕이 만나 외교 담판을 시작**했어요. 소손녕이 고려가 차지하고 있는 북쪽 땅을 내놓으라고 하자 서희가 말했어요.

"우리는 고구려를 이은 나라이기 때문에 나라 이름도 고려라고 하였소. 오히려 당신들이 우리의 땅을 빼앗아 차지하고 있는 것이오."

그러자 소손녕은 고려가 국경을 맞대고 있는 거란이 아닌 송과 친하게 지내는 것에 대한 불만을 표현했어요. 서희는 이렇게 대응하였죠.

"압록강 근처에 여진이 길을 막고 있어 거란과 친하게 지내지 못하는 것이오. 여진을 몰아내고 우리가 그 땅을 가질 수 있다면 거란과 친하게 지낼 수 있을 것이오!"

서희의 말에 설득당한 소손녕은 군대를 돌려 거란으로 돌아갔고, 압록강 동쪽의 **강동 6주**를 고려의 땅으로 인정했어요. 서희는 싸움 없이 거란을 물리치고 오히려 영토를 넓히기까지 한 거예요.

✱ 담판
서로 의논하여 옳고 그름을 판단하는 것

공부를 꼭 할 필요는 없어! 부모님과 담판 짓고 놀러 가자!

우리 친구들 공부하는데 방해 그만 해요!

싸움 없이 강동 6주를 획득했어!

듣고 보니 그런 것 같기도..?

여진만 몰아내면 우리도 거란이랑 친하게 지낼 텐데.

서희

소손녕

\*교류
문화나 사상 따위가 서로 통함


\*함락
공격하여 무너뜨리거나 점령함

**강동 6주가 중요한 이유는?**
산간 지형이 많아 압록강을 건너 침입해 오는 북방 민족의 침략을 방어하기에 좋은 땅이었어요. 그래서 강동 6주는 군사적으로 아주 중요했답니다.

## ✳ 거란이 고려를 다시 침입한 이유는 무엇일까?

서희의 외교 담판으로 거란의 침입을 평화롭게 물리친 고려는 강동 6주를 획득하는 대신 송과의 관계를 끊고 거란과 교류할 것을 약속했어요. 하지만 **고려가 약속을 지키지 않고 계속해서 송과 교류**하자 거란은 화가 났어요. 또 뒤늦게 강동 6주의 중요성을 깨닫고 다시 빼앗아 오고 싶었던 거란은 결국 고려를 다시 침입했어요.

빠르게 고려로 쳐들어온 거란은 고려의 수도인 개경까지 함락시키며 항복을 요구했어요. 이에 **왕(현종)이 개경을 떠나 남쪽의 나주 지역까지 피신하고, 양규가 거란군에 맞서 싸웠어요.** 하지만 거란의 침입은 계속되었고, 결국 현종이 직접 거란의 황제를 찾아가 예를 갖추겠다는 약속을 하고 나서야 거란군은 물러갔답니다.

## ✳ 거란의 세 번째 침입, 강감찬은 어떻게 거란을 물리쳤을까?

이후 현종은 거란의 황제를 찾아가겠다는 약속을 지키지 않았고, 강동 6주를 돌려달라는 거란의 요구도 거절했어요. 그러자 거란은 10만 대군을 이끌고 또 다시 고려에 쳐들어왔는데, 이때 눈부시게 활약한 인물이 있었으니 바로 **강감찬**이에요.

물러나던 거란군이 귀주 지역을 지날 때였어요. 거란군을 추격하던 강감찬은 바람의 방향을 이용하여 거란군을 향해 화살을 퍼부었어요. 이때 수많은 거란군이 죽었고, 살아 돌아간 군사가 수천 명에 불과하다고 해요. 강감찬이 귀주에서 거란을 크게 물리친 이 전투를 **귀주 대첩**이라고 한답니다.

세 차례의 침입에도 별다른 성과를 거두지 못한 거란은 더 이상 고려를 침략하지 못했고, 고려는 또 있을지도 모르는 적의 침입에 대비하여 성을 쌓았어요. **개경 주변에는 도시를 이중으로 둘러싼 나성을, 국경 지역에는 천리장성을** 쌓았답니다.

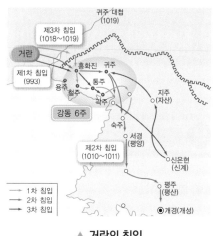

▲ 거란의 침입

더 알아보기

**거란의 침입을 막아낸 고려, 평화를 불러오다**

고려가 거란의 침입을 물리치면서 고려·송·요(거란) 삼국 사이에 세력 균형이 이루어졌어요. 이후 약 100년간 동아시아의 평화가 이어지면서 경제적·문화적 교류가 활발하였답니다.

---

 **초능력 온달 ⓞ Ⓧ 퀴즈** 이 글의 내용과 일치하면 O표, 일치하지 않으면 X표 해보세요.

❶ 거란의 1차 침입 때 서희가 외교 담판을 통해 강동 6주를 획득하였습니다. ( ⓞ , Ⓧ )

❷ 거란의 3차 침입 때 강감찬은 귀주에서 거란의 침입을 막아냈습니다. ( ⓞ , Ⓧ )

**초능력 평강 퀴즈**

❶ **다음에서 설명하는 사건을 쓰시오.**

> 거란이 고려에 세 번째 침입했을 때 강감찬이 이끌던 고려군이 거란군을 추격하여 크게 물리쳤다.

( )

❷ **고려의 주변 나라와의 관계 중 [    ]에 들어갈 내용으로 알맞은 것을 고르시오.** ( )

> 서희가 외교 담판을 통해 강동 6주를 획득하였다. →
> 강감찬이 거란군을 크게 물리쳤다. → [    ]

① 과거제를 처음 실시하였다.

② 신라가 고려에 항복하였다.

③ 왕건이 후삼국을 통일하였다.

④ 궁예가 후고구려를 건국하였다.

⑤ 나성과 천리장성을 쌓았다.

 정답과 해설 4쪽

## 우리학교 객관식 문제

**01** (가)에 해당하는 인물로 옳은 것은?

> 거란 장수 소손녕이 고려가 차지하고 있는 북쪽 땅을
> 내놓으라고 하자 [ (가) ]이/가 말했어요.
> "우리는 고구려를 이은 나라이기 때문에 나라 이름도
> 고려라고 하였소."

① 윤관      ② 양규
③ 서희      ④ 강감찬
⑤ 이자겸

**02** 거란의 침입에 대한 고려의 대응으로 옳은 것을 〈보기〉에서 고른 것은?

> ├ 보기 ┤
> ㄱ. 양규가 적군의 침입에 맞서 싸웠다.
> ㄴ. 강감찬이 귀주에서 적군을 물리쳤다.
> ㄷ. 태조 왕건이 사심관 제도를 실시하였다.
> ㄹ. 성종이 12목을 설치하여 지방관을 파견하였다.

① ㄱ, ㄴ      ② ㄱ, ㄹ
③ ㄴ, ㄷ      ④ ㄴ, ㄹ
⑤ ㄷ, ㄹ

## 우리학교 주관식 문제

**03** ㉠~㉢에 들어갈 단어를 쓰시오.

> 거란의 1차 침입은 서희가 외교 담판으로 막아냈으며
> 그 결과 ( ㉠ )을/를 획득하였다. 거란의 3차 침입
> 은 ( ㉡ )이/가 귀주에서 거란군을 상대로 대승을
> 거두며 막아냈다. 이후 고려는 국경을 방어하기 위해
> ( ㉢ )을/를 쌓았다.

- ㉠ :
- ㉡ :
- ㉢ :

## 한국사능력검정시험

**04** (가)~(다)를 일어난 순서대로 옳게 나열한 것은?

기본 60회

(가)      (나)      (다)

① (가) - (나) - (다)      ② (가) - (다) - (나)
③ (나) - (가) - (다)      ④ (다) - (가) - (나)

 역 사 논 술

 정답과 해설 4쪽

 아래 자료는 거란의 1차 침입 당시 서희와 소손녕이 나눈 대화예요. 아래 대화를 바탕으로 서희의 주장과 그에 대한 근거, 그리고 외교 담판으로 인해 발생한 결과에 대해 서술해 보세요.

 고구려의 옛 땅은 우리 거란의 것인데, 고려가 우리의 땅을 침범하였다!

우리 고려는 고구려를 이은 나라이니, 옛 고구려의 땅 역시 우리 고려의 땅이오.

 흠.. 그럼 왜 고려는 국경을 맞대고 있는 우리 거란이 아니라, 바다 건너 송과 친하게 지내는 것이오?

그것은 압록강 지역을 여진이 막고 있기 때문이오. 여진이 있는 땅을 고려가 가질 수 있도록 해준다면, 당연히 우리 고려도 거란과 교류할 것이오.

오픈아이

### 별무반의 활약과 국제 정세의 변화

| 별무반의 활약 | 국제 정세의 변화 |
| --- | --- |
| 12세기 여진의 침입 → 고려의 패배 → 윤관의 건의로 별무반 조직(신기군·신보군·항마군) → 윤관, 별무반을 이끌고 여진 정벌 → 동북 9성 축조 → 조공을 약속받고 돌려줌 | 여진의 금 건국 후 군신 관계 요구 → 이자겸의 수용 → 북진 정책 좌절 |

# 여진의 침입에 대한 고려의 대응에 대해 알아봅시다

 더 알아보기

**※ 윤관은 여진을 물리치기 위해 무엇을 했을까?**

거란에 승리한 이후 약 100년 동안 고려에는 평화가 계속되었어요. 하지만 12세기가 되자 만주에서 살던 여진이 힘을 키워 고려 사람들을 괴롭히거나 고려를 공격하는 일이 자주 발생했어요. 이때마다 고려는 군사를 보내 여진과 싸웠지만 계속해서 패배하고 말았어요.

자꾸 고려가 여진에게 패배하는 이유가 무엇일까 생각하던 **윤관**은 숙종을 찾아가 말했어요.

"여진은 말을 타고 다니는 기병 중심인데 저희는 걸어 다니는 보병만으로 싸우니 자꾸 패배하는 것입니다. 우리도 새로운 군대를 만들어야 합니다!"

**윤관의 건의를 받아들인 숙종은 새로운 군대를 만들 것을 허락하였고, 이때 별무반이라는 군대가 만들어졌어요.**

### 윤관의 별무반 설치 건의

(윤관이) "제가 전날에 패한 원인은 적들이 모두 말을 탔고, 우리는 보병으로 전투한 까닭에 대적할 수 없었기 때문입니다."라고 하자, 이때 비로소 별무반을 만들기로 하여 문무의 산관, 서리부터 …… 말을 기르는 사람들은 모두 신기군에, 말이 없는 자는 신보군에 배속하였다. …… 또 승려를 선발하여 항마군을 편성하였다.　－『고려사』－

## ＊ 별무반은 어떤 활약을 했을까?

　별무반은 **기병 중심의 신기군, 보병 중심의 신보군, 승려 중심의 항마군**으로 구성되었어요. 준비를 끝낸 윤관은 별무반을 이끌고 여진을 공격하기 위해 북쪽으로 향했어요.

　윤관의 별무반은 여진이 모여 있는 동북 지역을 공격하고 9개의 성을 쌓아 고려 백성들이 그곳에서 살도록 했는데, 이를 **동북 9성**이라고 해요. 하지만 이 지역은 고려 땅에서 멀리 떨어져 있어 관리하기가 어려웠고, 여진이 끈질 기게 동북 9성을 돌려달라고 요청했어요. 골치가 아팠던 고려는 결국 여진에 게 조공<sup>＊</sup>을 약속받고 1년 만에 동북 9성을 돌려주었어요.

**동북 9성**

동북 9성의 정확한 위치는 현재 알 수 없어요.

**＊조공**

신하의 나라가 주인 나라에 예의를 갖추며 돈이나 물건 을 바치던 일

▲ 「척경입비도」

윤관은 동북 9성을 쌓은 뒤 고려의 국 경을 나타내기 위해 비석을 세웠어요. 이 그림은 조선 후기에 그려졌답니다.

별무반...! 별사탕,
무김치, 반찬...!
공부 그만하고
밥이나 먹을까?

그래! 온달아!
공부 그만하고
맛있는 밥 먹고 놀자!

우리가
여진을 정벌했다!

동북
9성

신기군　신보군　항마군

 더 알아보기

## ✱ 금을 건국한 여진, 고려에 무엇을 요구했을까?

✱금
12세기 초 여진이 중국 북부에 세운 나라

✱군신 관계
임금과 신하의 관계

✱좌절
어떠한 계획이나 일이 실패로 돌아감

동북 9성을 돌려받은 여진은 계속해서 힘을 키워나갔고, 결국 **금을✱ 건국**하였어요. 금의 세력은 점차 막강해져 거란이 세운 요를 멸망시킨 후 송까지 위협했고, 고려에게도 **군신 관계를✱ 요구**했어요.

윤관이 별무반을 이끌고 동북 9성을 축조할 때까지만 해도 약했던 여진이 강력한 나라를 세우고 군신 관계까지 요구하자 고려는 당황할 수밖에 없었어요. 결국 당시 고려의 권력을 장악하고 있던 **이자겸이 금의 요구를 받아들였고**, 이로써 태조 왕건 때부터 추진되던 북진 정책은 좌절되고✱ 말았답니다.

거란과 여진의 침입으로 계속해서 전쟁을 치러야 했던 고려, 과연 고려는 평화를 되찾을 수 있을까요?

### 초능력 온달 ⭕❌ 퀴즈
이 글의 내용과 일치하면 O표, 일치하지 않으면 X표 해보세요.

❶ 서희의 건의에 따라 별무반이 조직되었습니다. ( ⭕ , ❌ )
❷ 윤관은 별무반을 이끌고 여진을 정벌한 뒤 동북 9성을 쌓았습니다. ( ⭕ , ❌ )

### 초능력 평강 퀴즈

❶ 다음에서 설명하는 군사 조직의 이름을 쓰시오.

> 윤관의 건의에 따라 만들어진 부대로 기병 중심의 신기군, 보병 중심의 신보군, 승려 중심의 항마군으로 구성된 군사 조직이다.

(        )

❷ 다음의 사건을 순서대로 바르게 나열한 것을 고르시오. (    )

> (가) 서희의 외교 담판
> (나) 강감찬의 귀주 대첩
> (다) 윤관의 동북 9성 축조

① (가) - (나) - (다)  ② (가) - (다) - (나)
③ (나) - (가) - (다)  ④ (나) - (다) - (가)
⑤ (다) - (나) - (가)

✿ 정답과 해설 5쪽

## 우리학교 객관식 문제

**01** (가)에 해당하는 인물로 옳은 것은?

> __(가)__ 이/가 왕에게 "여진은 말을 타고 다니는 기병 중심인데 저희는 걸어 다니는 보병만으로 싸우니 자꾸 패배하는 것입니다. 우리도 새로운 군대를 만들어야 합니다!"라고 건의하였다. 왕은 __(가)__ 의 건의를 받아들여 별무반을 만들었다.

① 서희　　　　② 윤관
③ 견훤　　　　④ 궁예
⑤ 최승로

**02** 여진의 침입에 대한 고려의 대응으로 옳은 것은?

① 이사부를 보내 우산국을 정복하였다.
② 강감찬이 귀주에서 크게 승리하였다.
③ 받은 낙타를 만부교에 묶어 굶어 죽였다.
④ 별무반을 이끌고 여진을 공격한 뒤 동북 9성을 쌓았다.
⑤ 신라와 동맹을 맺어 한강 유역 일부를 차지하였다.

## 우리학교 주관식 문제

**03** 다음을 읽고 물음에 답하시오.

> 여진은 금을 건국하고 세력을 키운 뒤 고려에 군신 관계를 요구하였다. 당시 고려의 최고 권력자인 ( ㉠ )은/는 금의 군신 관계 요구를 받아들였다.

(1) ㉠에 들어갈 인물을 쓰시오. (　　　　　　)
(2) 위 사건이 고려에 미친 영향을 쓰시오.
　( 　　　　　　　　　　　　　　　)

## 한국사능력검정시험

**04** (가) 시기에 있었던 사실로 옳은 것은?

기본 64회

① 박위가 대마도를 정벌하였다.
② 윤관이 별무반 설치를 건의하였다.
③ 김윤후가 처인성 전투에서 승리하였다.
④ 김춘추가 당과의 군사 동맹을 성사시켰다.

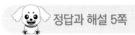 정답과 해설 5쪽

## 03 고려가 거란을 미워한 이유

| 거란의 제1차 침입 | 거란의 제2차 침입 | 거란의 제3차 침입 |
|---|---|---|
| ❶ 서◻️ 와/과 소손녕의 외교 담판 → ❷ 강◻️ 6◻️ 획득 | 양규의 활약으로 막아냄 | ❸ 강◻️◻️의 귀주 대첩 → 개경에 나성, 국경 지역에 천리장성 건설 |

## 04 특별한 무술을 가진 부대를 이끌다, 윤관

| ❶ 별◻️◻️ 조직 | 여진 정벌 | 군신 관계 수용 |
|---|---|---|
| ● ❷ 윤◻️ 의 건의에 따라 조직 ● 신기군·신보군·항마군으로 구성 | 윤관이 별무반을 이끌고 여진 정벌 → ❸ 동◻️ 9◻️ 축조 | 여진의 금 건국 → 금의 군신 관계 요구 → ❹ 이◻️◻️의 수용 → 북진 정책 좌절 |

## 역사 속 인물이 현재 시대로 날아온다면?

예) 서희 : 거란의 장수 소손녕과의 외교 담판을 통해 강동 6주를 획득하였다.

- ·
- ·
- ·

떠오르는 역사 속 인물
3명과 각각의 인물이
했던 일을 적어봐~

예) 서희 : 외교부장관

- ·
- ·
- ·

역사 속 인물들은 현재 어떤
직업을 갖게 되었을까?

# " 하늘에서 큰 별이 떨어진 날 태어난 장군, 강감찬! "

거란은 서희가 담판으로 획득한 강동 6주를 돌려달라고 요구했지만 고려는 이를 거부했어요. 그러자 거란이 고려를 세 번째로 침입했는데, 이때 거란에 맞서 용감하게 싸운 사람이 바로 강감찬이에요. 강감찬은 흥화진에서 거란군이 강을 건너려고 하자 소가죽으로 막고 있던 물줄기를 터뜨려 거란군에 맞서 승리했어요. 또 귀주에서는 갑자기 거란군을 향해 거센 비바람이 몰아치자 기회를 놓치지 않고 거란군을 매섭게 공격했어요. 이렇듯 강감찬의 활약으로 더 이상 거란은 고려를 침입할 수 없게 되었어요. 강감찬이 태어나던 날 하늘에서 큰 별이 떨어졌다는 전설에 따라 강감찬이 태어난 곳을 '낙성대'라고 이름 지었다고 해요.

10~12세기 고려에 침입한 이민족과 그에 대한 고려의 대응 과정 중 중요하다고 생각하는 장면을 골라 그림으로 표현해 봅시다.

#장면1 제목 :

#장면2 제목 :

이민족의 침입에
대한 고려의 대응

#장면3 제목 :

#장면4 제목 :

**3** "문벌 귀족 사회가 흔들리다"

최충헌

오픈아이

믿었던 설쌤이 역사를 그렇게 다 말씀하시면 어떡해요?

미안하구나…

설쌤의 안경에는 어떤 비밀이 있나요?

위기의 순간에 안경을 만지면 시간 여행을 하게 되지!

설쌤! 저 지금 배고파서 위기인데, 안경 만져봐요! 음식 나오는지 보게!

꼬르륵

인종 10년

설쌤! 저기 사람들이 강물에 뭔가를 집어넣고 있어요!

이건 기름 먹인 떡의 조각이야! 묘청이 대동강을 신비롭게 보이도록 하기 위해, 거대한 기름 먹인 떡을 강물에 집어 넣었었지!

그럼 여긴 평양이네요!

떡을 보고 가만히 있을 수 없지! 맛있겠다~

온달아! 기름 먹인 떡이야! 먹으면 안 돼!

거기 누구냐! 우리가 힘들게 넣은 떡 조각을 먹다니! 거기서라!!

얘들아! 떠나자!

스윽

## 한판 정리

### 문벌 귀족과 이자겸의 난

**문벌 귀족**

- 의미 : 귀족 중 대대로 고위 관리를 배출한 가문

- 특징 : 왕실이나 다른 문벌 귀족과의 혼인을 통한 권력 강화

| | 이자겸의 난 |
|---|---|
| 배경 | 문벌 귀족 이자겸의 권력 장악 → 인종의 이자겸 제거 계획 |
| 과정 | 이자겸이 척준경과 함께 반란을 일으킴 |
| 결과 | 반란 실패, 문벌 귀족 사회의 대립 심화 |

## ✩ 묘청의 서경 천도 운동의 전개

| | 묘청의 서경 천도 운동 |
|---|---|
| 배경 | 묘청의 서경 천도 주장(풍수지리설), 금 정벌 주장 |
| 과정 | 서경 천도 운동 실패 → 묘청 등이 서경에서 반란 |
| 결과 | 김부식이 이끄는 관군에 의해 진압 |

서경이 그렇게 좋다고 합니다.

☐☐☐☐이 서경으로 수도를 옮기려고 하고 있어!

# 이자겸의 난에 대해 알아봅시다

## ✳ 문벌 귀족은 어떤 세력일까?

신라 말 호족과 6두품 출신 학자들 중에는 고려가 건국된 이후 대대로 높은 자리의 관리가 되며 고려 사회를 지배한 사람들이 있었는데, 이들을 **문벌 귀족**이라고 해요. 문벌 귀족들은 권력을 이용해 풍요로운 생활을 했으며 왕실이나 다른 문벌 귀족과의 혼인을 통해 가문의 권력을 강화했어요.

그중에 왕실과의 혼인을 통해 수많은 왕비를 배출하며 권력을 장악한 가문이 있었으니, 바로 경원 이씨 집안이에요. 그리고 그 중심에는 **이자겸**이라는 인물이 있었어요. 이자겸은 둘째 딸을 예종에게 시집보내고, 그 둘 사이에서 태어난 인종에게 셋째 딸과 넷째 딸을 시집보냈어요. 즉 이자겸은 인종의 외할아버지이자 장인어른*이 되어 엄청난 권력을 누렸어요.

**더 알아보기**

▲ 이자겸 가문과 왕실의 혼인 관계

＊**장인어른**
아내의 아버지

## ✳ 결국 일어난 이자겸의 난, 이자겸은 과연 성공했을까?

✳아부
남의 비위를 맞추어 알랑거림

✳뇌물
사사로운 이익을 얻기 위해
건네는 부정한 돈이나 물건

✳반격
되받아 공격함

　이자겸은 어린 인종의 뒤에서 막강한 권력을 휘둘렀고, 그의 힘은 왕의 자리까지 위협할 정도였어요. 이자겸은 제멋대로 나랏일을 처리했고 사람들은 나라의 중요한 벼슬을 차지하기 위해 이자겸에게 아부✳를 떨며 뇌물✳을 바쳤어요.

　이를 더 이상 두고 볼 수 없었던 인종은 이자겸에게 불만을 품은 다른 신하들과 함께 이자겸을 제거할 계획을 세웠어요. 하지만 이를 알아차린 **이자겸은 척준경과 함께 궁궐을 공격**하고 불을 지르기까지 했어요(**이자겸의 난**). 이자겸을 제거하는 데 실패한 인종은 조용히 반격✳의 기회를 엿보았어요.

　그러던 중 이자겸과 척준경의 사이가 벌어지자 인종은 때를 놓치지 않고 척준경을 자신의 편으로 만들었어요. 결국 인종은 **척준경을 이용해 이자겸을 제거하는 데 성공했고, 영원할 것 같았던 이자겸의 권력도 힘을 잃게 되었답니다.**

## 설쌤의 한국사 스토리텔링

# 묘청의 서경 천도 운동에 대해 알아봅시다

### ✱ 고려는 왜 수도를 옮기려고 한 것일까?

이자겸의 난은 실패로 끝났지만 왕으로서 인종의 권위는 땅에 떨어졌어요. 여전히 귀족들은 권력을 이용해 백성들을 괴롭혔고, 밖으로는 여진이 세운 금의 신하가 되었지요. 인종이 어떻게 하면 이러한 상황을 해결할 수 있을까 고민하고 있을 때, 묘청이라는 스님이 등장했어요.

"지금 우리 고려의 상황이 어려운 것은 수도인 개경 땅의 기운이 약해졌기 때문입니다. 땅의 기운이 강한 서경으로 수도를 옮기면 이 모든 문제들이 해결되고 금이 스스로 항복할 것입니다!"

**묘청은 풍수지리설을 바탕으로 오늘날 평양 지역인 서경으로 수도를 옮기자고 주장**했어요. 이 말을 들은 인종은 묘청의 말대로 수도를 서경으로 옮기기로 결정하고, 서경에 궁궐을 짓는 등의 준비를 시작했어요. 과연 고려는 수도를 서경으로 옮길 수 있을까요?

더 알아보기

✱ **권위**
다른 사람들을 통솔하여 따르게 하는 힘

**풍수지리설이란?**
산과 물 등 자연환경의 생김새를 살펴 수도, 집이나 묘지의 자리를 정하고 좋은 일이나 나쁜 일을 예측하는 학문이에요. 신라 말에 도선이라는 승려가 처음 국내로 들여온 이후 고려 시대에 널리 유행했어요.

## ✳ 묘청은 왜 반란을 일으켰을까?

서경으로 수도를 옮길 준비가 계속되던 중이었어요. 갑자기 서경에 폭풍우가 몰아치고 30여 차례 벼락이 치는 등 이상한 일들이 일어났어요. 그러자 서경으로 수도를 옮기는 것에 불만을 가지고 있던 사람들이 목소리를 내기 시작했는데, 바로 개경에서 큰 권력을 누리고 있던 문벌 귀족들이었어요.

**김부식 등의 개경 문벌 귀족 세력**은 수도를 서경으로 옮기면 자신들의 권력이 약해질까 두려워 **서경 천도**✳**를 반대**했어요. 이들은 묘청이 거짓말로 나라를 혼란스럽게 하고 있으며, 힘이 커진 금을 주인으로 모셔야 고려를 지킬 수 있다고 주장했죠. 결국 계속되는 이상한 자연현상과 개경 세력의 격렬한 반대가 이어지자 인종은 서경으로 수도를 옮기는 일을 중단하기로 결정했어요.

서경 천도 운동에 실패한 묘청은 이대로 포기할 수 없었어요. 서경 천도에 찬성하는 사람들을 모은 **묘청은 서경에서 새로운 나라를 세우겠다며 반란**을 일으켰답니다.

**김부식**

우리나라에 남아있는 역사책 중 가장 오래된 『삼국사기』를 쓴 유학자예요.

✳**천도**
수도를 옮김

### 개경 세력의 서경 천도 반대

금년 여름 서경 대화궁에 30여 군데나 벼락이 떨어졌습니다. 서경이 만약 좋은 땅이라면 하늘이 이렇게 하였을리 없습니다. …… 또 서경은 아직 추수가 끝나지 않았습니다. 지금 행차하시면 농작물을 짓밟을 것입니다. 이는 백성을 사랑하고 물건을 아끼는 뜻과 어긋납니다. ─『고려사』─

## ✱ 서경 세력 vs 개경 세력, 승자는?

묘청이 반란을 일으켰다는 소식이 개경에 전해졌어요. 그러자 인종은 김부식에게 묘청이 일으킨 반란을 진압<sup>*</sup>하라고 명령했어요. 결국 군대를 이끌고 서경으로 간 **김부식에 의해 묘청의 반란은 진압**되었고, 서경으로 수도를 옮기려던 묘청의 계획은 완전히 실패하고 말았답니다.

서경 세력을 물리치는 데 성공한 개경의 문벌 귀족들은 계속해서 엄청난 권력을 독차지하며 사치스러운 생활을 해나갔어요. 반면 문벌 귀족에게 밀려 권력을 잃은 사람들은 차별받으며 불만을 품게 되었지요. **이자겸의 난과 묘청의 서경 천도 운동을 겪으며 문벌 귀족 사회는 크게 흔들리게 되었고,** 고려 사회의 갈등은 더욱더 깊어져만 갔어요.

**✱ 진압**
힘으로 억눌러 진정시킴

**여러 가지 측면에서 바라볼 수 있는 묘청의 서경 천도 운동**

묘청의 서경 천도 운동은 금의 군신 관계 요구에 대한 반발, 개경 문벌과 서경 문벌 사이의 대립, 유교 사상과 풍수지리설의 대립 등 다양한 시각으로 바라볼 수 있어요.

---

 **초능력 온달 O X 퀴즈**  이 글의 내용과 일치하면 O표, 일치하지 않으면 X표 해보세요.

❶ 고려 시대에 여러 대에 걸쳐 많은 고위 관리를 배출한 가문을 호족이라 불렀습니다. ( O , X )
❷ 묘청 등 서경 세력은 금을 정벌하자고 주장하였습니다. ( O , X )

**초능력 평강 퀴즈**

❶ **다음에서 설명하는 사건을 쓰시오.**

> 고려 인종 때 일부 가문이 여러 대에 걸쳐 고위 관직을 차지하며 문벌 귀족 사회가 성립되었다. 대표적인 문벌 귀족으로 이자겸이 있는데, 이자겸은 척준경과 함께 스스로 왕이 되고자 난을 일으켰으나 실패하였다.

( )

❷ **다음 [　　] 에 들어갈 사상으로 옳은 것을 고르시오.** ( )

> 묘청 등 서경 세력은 [　　] 을/를 앞세워 서경 천도를 추진하면서 금을 정벌하고 천하를 다스릴 것을 주장하였다.

① 유교　　　　② 불교
③ 도교　　　　④ 풍수지리설
⑤ 동학

🌀 정답과 해설 6쪽

초능력 Level up 문제

정답과 해설 6쪽

## 우리학교 객관식 문제

**01** 다음의 사실을 일어난 순서대로 나열한 것은?

> (가) 서희의 외교 담판
> (나) 이자겸의 난
> (다) 윤관의 동북 9성 축조
> (라) 묘청의 서경 천도 운동

① (가) – (나) – (다) – (라)
② (가) – (다) – (나) – (라)
③ (나) – (다) – (라) – (가)
④ (나) – (라) – (다) – (가)
⑤ (다) – (나) – (가) – (라)

**02** 다음 중 서경 세력의 주장을 〈보기〉에서 고른 것은?

> ── 보기 ──
> ㄱ. 서경 천도 찬성
> ㄴ. 서경 천도 반대
> ㄷ. 금 정벌 찬성
> ㄹ. 금 정벌 반대

① ㄱ, ㄴ　　② ㄱ, ㄷ
③ ㄴ, ㄷ　　④ ㄴ, ㄹ
⑤ ㄷ, ㄹ

## 우리학교 주관식 문제

**03** 다음 자료를 읽고 물음에 답하시오.

> 고려가 건국된 이후 대대로 높은 자리의 관리가 되며 고려 사회를 지배한 사람들이 있었는데, 이들을 ( ㉠ ) (이)라고 해요. ( ㉠ )들은 권력을 이용해 풍요로운 생활을 했으며 왕실이나 다른 ( ㉠ )와/과의 혼인을 통해 가문의 권력을 강화했어요.

(1) ㉠에 들어갈 단어를 쓰시오. (　　　　　　)
(2) ㉠ 사회가 흔들리는 계기가 된 사건 두 가지를 쓰시오.
(　　　　　　,　　　　　　)

## 한국사능력검정시험

**04** 다음 퀴즈의 정답으로 옳은 것은?

기본 57회

① 양규　② 일연　③ 김부식　④ 이제현

 **역사 논술**

 정답과 해설 7쪽

 서경으로 수도를 옮기려는 서경 세력과 서경으로 수도를 옮기는 것을 반대하는 개경 세력의 두 입장 중 하나를 선택하여 상대방을 설득하는 글을 써 보세요.

**묘청**

제가 보건대 서경 임원역(林原驛)의 땅은 음양가들이 말하는 대화세(大華勢)이니 만약 이곳에 궁궐을 세우고 수도를 옮기면 국가의 혼란을 막을 수 있으며 금(金)나라가 공물을 바치고 스스로 항복할 것이며 36개 나라들이 모두 신하가 될 것입니다.

－「고려사」－

금년 여름 서경 대화궁에 30여 군데나 벼락이 떨어졌습니다.
서경이 만약 좋은 땅이라면 하늘이 이렇게 하였을 리 없습니다.

－「고려사」－

**김부식**

오픈아이

*전병 : 찹쌀가루나 밀가루 따위를 둥글넓적하게 부친 음식

## 한판 정리

### 무신 정변과 무신 집권기

| 무신 정변 | 무신 집권기 | |
| --- | --- | --- |
| | 최충헌 | 최우 |
| 정중부 등<br>무신들이 차별 대우에<br>반발하여 정변을 일으킴 | • 교정도감 설치<br>• 만적의 난 | • 정방 설치<br>• 삼별초 설치 |

# 무신 집권기에 대해 알아봅시다

더 알아보기

* **정변**
반란이나 혁명 등 비합법적인 수단으로 생긴 정치상의 큰 변동

* **문신**
정치에 참여하거나 학문을 연구하던 신하

* **무신**
무예를 익혀 전쟁터에 나가 싸우던 신하

## ✱ 무신들은 왜 정변*을 일으켰을까?

고려의 신하들은 크게 문신*과 무신*으로 나뉘었어요. 고려 사회에서 문신은 무신에 비해 좋은 대우를 받았는데, 심지어 군대의 최고 지휘권도 문신들이 차지했어요. 그에 반해 무신들은 높은 관리가 되지 못하거나 일한 대가를 제대로 받지 못하는 등 차별 대우를 받았고, 권력을 독차지한 문신들에게 무시를 당하며 지냈어요. 당연히 무신들의 불만은 점점 커져만 갔어요.

인종의 뒤를 이은 의종이 신하들을 거느리고 궁궐 밖으로 나와 잔치를 벌이던 어느 날이었어요. 의종이 무신들에게 무술 겨루기를 시키던 중 나이가 많은 대장군 이소응이 젊은 무신에게 이기지 못하고 도망치자 젊은 문신이 이소응의 뺨을 내리친 거예요. 이 일로 큰 모욕감을 느낀 무신들은 칼을 빼들기로 결심했어요.

그날 밤 **정중부** 등의 무신들은 자신들을 무시하던 문신들을 모조리 죽이고 의종까지 몰아낸 후 새 왕을 세웠어요. **문신이 아닌 무신이 권력을 잡고 휘두르는 무신 집권기가 시작**되는 순간이었어요.

### 정중부의 수염을 태운 젊은 문신

무신 정변이 일어나기 약 20년 전, 궁궐에서 열린 행사에 왕을 비롯한 많은 신하들이 참여하던 중이었어요. 정중부가 왕을 호위하던 중 젊은 문신이었던 김돈중이 장난삼아 정중부의 수염에 촛불을 가져다 댔어요. 김돈중은 묘청의 난을 진압했던 김부식의 아들로 당시 최고의 권력을 누리고 있었거든요.

불이 붙어 수염이 홀라당 타버린 정중부는 크게 화가 나 김돈중을 꾸짖었지만, 김부식은 오히려 왕에게 정중부를 처벌해 달라고 했어요. 당시 무신들이 얼마나 큰 무시를 당했는지 알 수 있는 일화랍니다.

어디서 타는 냄새가 나는데? 쥐포 굽는 냄새인가?

## ✳ 무신들이 다스리는 나라는 어떤 모습이었을까?

무신들은 문신을 몰아내고 권력을 차지하는 데 성공했지만 나라는 더욱더 혼란스러워져 갔어요. 나라를 다스려본 적이 없는 무신들이 나라를 제대로 이끌어 나가지 못했을뿐더러, 서로 최고 권력을 차지하기 위해 끊임없이 싸웠기 때문이에요.

무신들끼리 죽고 죽이며 최고 권력자가 바뀌기를 반복하던 그 때, 이러한 혼란을 끝내고 권력을 장악한 인물이 있었으니, 바로 **최충헌**이었어요. 최충헌은 권력을 쥐고 있던 이의민을 제거하고, 혼란스러운 무신 집권기에 최고 권력을 누렸던 무신이에요. **최충헌은 교정도감**이라는 새로운 기관을 만들어 **중요한 일을 처리**하며 권력을 유지했어요.

최충헌이 죽은 후 그의 아들인 **최우**가 권력을 물려받았어요. 최우는 교정도감을 유지하는 동시에 자신의 집에 **정방을 설치**해 마음대로 관리를 뽑았어요. 또한 **특수 부대인 삼별초**를 두어 자신의 권력을 강화하는 데 이용했어요.

**✳교정도감**
최충헌이 설치한 최고 권력 기구

**✳정방**
관리를 임명하는 권한을 가진 기구

**삼별초**
개경의 순찰을 담당하던 야별초가 확대되어 좌별초와 우별초로 분화되었어요. 이후 몽골에 붙잡혀 있다가 도망쳐 온 자들로 구성된 신의군이 결성되었는데, 이때 좌별초와 우별초, 신의군을 합쳐 삼별초라 불렀답니다.

## ✱ 왕후장상의 씨가 따로 있나! 만적이 원한 세상은 어떤 세상이었을까?

삼국과 마찬가지로 고려도 사람마다 신분이 나뉘어 있었으며, 그중 노비들은 인간이 아닌 재산으로 취급을 받으며 고통을 겪었어요. 그런데 무신들이 권력 다툼을 하던 혼란스러운 상황 속에서 천민* 출신의 이의민이 최고 권력자가 되는 일이 일어난 거예요. 이를 지켜보던 **최충헌의 노비 만적**은 자신이 꿈꾸던 노비들이 없는 세상이 현실이 될 수도 있겠다고 생각했어요. 그래서 개경의 노비들을 불러 모아 말했어요.

"왕후장상*의 씨는 따로 있지 않다! 우리도 왕이 될 수 있다!"

결국 만적은 주인을 몰아내고 노비에서 벗어나려는 계획을 세웠어요. 하지만 계획이 사전에 들통나면서 **만적의 난**은 실패로 돌아가고 말았답니다.

장수와 재상의 씨가 따로 있나!!

✱천민
고려 시대 신분 중 하나로, 대다수가 노비였다.

✱왕후장상
왕, 제후, 장수, 재상 등 지배층을 아우르는 말

---

### 초능력 온달 ⭕❌ 퀴즈
이 글의 내용과 일치하면 O표, 일치하지 않으면 X표 해보세요.

❶ 정중부 등이 무신에 대한 차별 대우에 반발하여 정변을 일으켰습니다. ( ⭕ , ❌ )

❷ 최우는 최고 권력 기구로 교정도감을 설치하였습니다. ( ⭕ , ❌ )

### 초능력 평강 퀴즈

❶ 다음에서 설명하는 인물의 이름을 쓰시오.

> • 최충헌의 노비
> • 개경에서 노비들을 모아 신분 해방을 위한 난을 계획하였으나 실패

( )

❷ 고려 무신 집권기에 대한 설명으로 옳지 <u>않은</u> 것을 고르시오. ( )

① 무신 정변으로 시작되었다.
② 하층민의 봉기가 일어났다.
③ 최충헌이 삼별초를 설치하였다.
④ 최우는 자신의 집에 정방을 설치하였다.
⑤ 최충헌이 정권을 잡으며 최씨 무신 정권이 시작되었다.

✪ 정답과 해설 7쪽

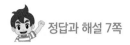

정답과 해설 7쪽

### 우리학교 객관식 문제

**01** 다음 자료에서 설명하는 사건으로 옳은 것은?

> 정중부 등의 무신들은 자신들을 무시하던 문신들을 모조리 죽이고 의종까지 몰아내 새 왕을 세웠습니다.

① 무신 정변
② 묘청의 난
③ 만적의 난
④ 이자겸의 난
⑤ 만부교 사건

**02** 〈보기〉의 내용 중 무신 집권기 최우 때 설치된 것을 고르면?

> ┤ 보기 ├
> ㄱ. 정방　　　　　ㄴ. 별무반
> ㄷ. 삼별초　　　　ㄹ. 교정도감

① ㄱ, ㄴ
② ㄱ, ㄷ
③ ㄴ, ㄷ
④ ㄴ, ㄹ
⑤ ㄷ, ㄹ

### 우리학교 주관식 문제

**03** ㉠에 해당하는 단어를 쓰시오.

> ( ㉠ )은/는 고려 무신 집권기의 최고 권력 기구로 최충헌이 설치하였습니다.

㉠ :

### 한국사능력검정시험

**04** (가) 시기에 볼 수 있는 장면으로 옳은 것은?

기본 64회

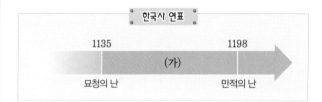

①  문신의 관을 쓰고 있는 자는 모두 죽여라.
정중부

②  새로 제작한 화포로 진포에 침입한 왜구를 물리치자.
최무선

③  이곳 흥화진에서 거란군을 모두 물리쳐라.
강감찬

④  우리 삼별초는 여기 진도 용장성에서 적에 맞서 끝까지 싸울 것이다.
배중손

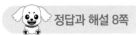

## 05 누구를 믿어야 하나, 이자겸과 묘청

❶ 문 □ □ 족
● 의미 : 대대로 고위 관리를 배출한 가문의 귀족
● 특징 : 왕실이나 다른 문벌 귀족과의 혼인을 통해 권력을 강화함

**이자겸의 난**
● 과정 : 이자겸이 ❷ 척 □ □ 와/과 함께 반란을 일으킴
● 결과 : 난이 실패로 끝나고 문벌 귀족 사회의 대립이 심화됨

**묘청의 서경 천도 운동**
● 배경 : 묘청 등이 ❸ 풍 □ 지 □ 설 을/를 근거로 서경 천도를 주장함
● 과정 : 서경 천도 운동이 실패하자 묘청 등이 서경에서 난을 일으킴
● 결과 : ❹ 김 □ 식 이/가 이끄는 관군에 의해 진압

## 06 무시당하던 무신, 정변을 일으키다

**무신 정변과 무신 집권기**
● 발생 : ❶ 정 □ 부 등이 무신에 대한 차별 대우에 반발하여 일으킴
● 최충헌 : 최고 권력 기구로 ❷ 교 □ 도 □ 을/를 설치함
● 최우 : 자신의 집안에 ❸ 정 □ 을/를 설치하여 마음대로 사람을 뽑음

 역 사 논 술

 정답과 해설 8쪽

고려는 신분이 나누어져 있는 신분제 사회였어요. 하지만 무신 집권기에 노비였던 만적이 신분 해방을 목적으로 난을 계획했는데요.
만적이 꿈꿨던 사회는 어떤 모습이었을까요? 현재 우리가 살고 있는 사회 모습과 비교하며 서술해 보세요.

## 설쌤의 지식 오픈!

"

# 이자겸의 마지막 자존심이 담긴 굴비?!

"

고려 인종 때 최고의 문벌 귀족으로 왕을 쥐락펴락하던 이자겸! 이자겸은 최고의 권력을 누리는 것으로도 모자라 스스로 왕이 될 야망까지 품게 되었어요. 하지만 이자겸의 난은 실패로 돌아갔고 인종은 이자겸을 전라도 영광으로 유배 보내게 됩니다. 유배된 이자겸은 어느 날 영광 법성포의 특산물인 말린 조기를 먹었는데 너무 맛있어 왕에게 올렸어요. 이 때 조기의 이름을 '굴비'라고 이름 붙였는데, 이는 비록 귀양살이를 하고 있지만 굴복하지 않겠다는 의미를 담았다고 해요.

고려에 신문이 있었다면 무신 정변이 일어난 날 어떤 기사가 신문을 장식했을까요? 고려 시대의 기자가 되어 기사를 작성해 봅시다.

# _____ 일보

발행일 : 1170년 8월 30일                                      발행인 :

## 주요 기사

## 광고 / 사진(그림)

# 4 " 원의 지배에서 벗어나기 위한 노력 "

# 07 칭기즈 칸의 몽골, 고려를 침략하다

1232년 — 강화 천도
1270년 — 개경 환도

온달아! 폭력은 안 돼!

어르신이 맞고 있는 걸 지켜볼 수 없었어..

온달이는 어르신을 지켜주고 싶었구나! 그럼 이번엔 나라를 지키러 가볼까?

고종 19년

설쌤! 저들은 누구인가요?

머리와 옷을 보니 몽골군이네!

우리 피해야 하는 거 아닌가요?

설쌤! 저들과 맞서 싸워야겠어요!

잠깐 기다려봐! 그가 올 거야!

누구요?

딱

으악! 화살이 날아온다!

나, 김윤후가 이 곳을 지킬 것이다!

설쌤! 저도 적을 물리치고 올게요!

온달아, 위험해! 도와줘요. 설쌤!

그래. 여길 벗어나자!

스윽

# 한판 정리

## 몽골의 침입과 고려의 대응

| | 몽골의 침입 |
|---|---|
| 과정 | ① 몽골의 1차 침입 → ② 강화 천도(최우) → ③ 몽골의 2차 침입 : 처인성 전투에서 김윤후의 활약 → ④ 김윤후의 충주성 전투 → ⑤ 개경 환도 → ⑥ 삼별초의 항쟁(진도, 제주도 항파두리)<br>• 팔만대장경 제작 |
| 결과 | • 황룡사 구층 목탑 파괴<br>• 원 간섭기 시작 |

# 한판 정리

## 원 간섭기의 모습

| | 원 간섭기 |
|---|---|
| 내정<br>간섭 | • 원의 사위 국가가 됨<br>• 왕 이름 앞에 '충(忠)'자를 붙임<br>• 정동행성 설치<br>• 쌍성총관부 설치 |
| 풍습 | • 몽골풍 : 변발 등 유행 |

# 몽골의 침입과 원 간섭기에 대해 알아봅시다

## ✳ 몽골은 왜 고려를 침입하였을까?

더 알아보기

고려에서 무신들이 권력을 장악하고 있던 그때, 중국 북쪽에서는 심상치 않은 움직임이 일어났어요. 오랫동안 부족 단위로 유목*생활을 하던 **몽골에서 칭기즈 칸이 나타나 여러 부족을 통합하고 영토를 넓히고 있었어요.** 점차 주변 나라로 세력을 넓혀가던 몽골에게 고려도 예외는 아니었어요. 몽골은 고려와 함께 거란을 물리친 이후부터 고려가 몽골에게 많은 물자를 바칠 것을 요구했어요.

이후 몽골 사신 저고여가 고려를 방문하고 돌아가던 길에 죽는 일이 발생하자 이를 구실로 몽골이 고려에 쳐들어왔어요.

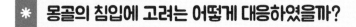

**✳유목**

가축을 기를 풀과 물을 찾아 이동하는 생활 방식

## ✳ 몽골의 침입에 고려는 어떻게 대응하였을까?

고려는 필사적으로 몽골의 침입을 막아보려 했지만 당시 세계 최강으로 손꼽히던 몽골을 물리치기엔 역부족이었어요. 그래서 고려의 최고 권력자였던 **최우는 수도를 강화도로 옮기기로 결심했어요(강화 천도).**

## ❋ 고려는 나라를 지키기 위해 무엇을 하였을까?

몽골은 육지 생활에 익숙한 민족으로, 말을 타고 공격하는 기병이 중심 군대였어요. 그래서 고려는 동서남북 모두 바다로 둘러싸인 섬으로 수도를 옮기면, 몽골이 공격하기 어려울 것으로 생각한 거예요. 이 소식을 들은 몽골은 고려가 자신들과 끝까지 싸우고자 반항하는 것으로 받아들여 다시 고려로 쳐들어왔어요.

▲ 고려의 대몽 항쟁

고려 정부가 강화도에 들어가 있는 사이 육지에 남은 백성들은 용감하게 몽골군과 맞서 싸웠어요. 이때 **용인의 처인성 부곡에서 승려 김윤후가 몽골의 장수 살리타를 쓰러뜨리며** 몽골의 침입을 물리치기도 했어요(**처인성 전투**). 또다시 몽골이 침입했을 때에는 **김윤후가 백성들을 하나로 모아 충주성을 지켜내기도 했죠(충주성 전투**).

한편 고려는 **부처님의 힘으로** 몽골의 침입을 막으려는 염원을 담아 **팔만대장경**을 만들기도 했어요.

▲ 팔만대장경판(재조대장경판)

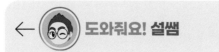 도와줘요! 설쌤

 설쌤! 팔만대장경과 재조대장경은 같은 말인가요?

 맞아요! 대장경은 부처님의 힘으로 외세의 침략을 막기 위해 나무 목판에 부처님의 말씀을 새겨 만든 문화재예요. 과거 거란의 침입 때 부처님의 힘으로 거란을 막고자 처음 대장경을 만들었는데 이를 초조대장경이라고 해요. 그런데 초조대장경이 몽골의 침입 때 불타게 되었어요. 그래서 몽골의 침입을 막고자 다시 대장경을 만들었고 이것을 재조대장경이라 불렀어요. 그런데 부처님의 말씀을 새긴 나무 목판의 수가 팔만 장이 넘어갔기 때문에 이후에는 팔만대장경이라고 불렸답니다. 결국 팔만대장경과 재조대장경은 같은 말이에요!

## ✳ 다시 개경으로 돌아간 고려 정부, 그 이후는?

몽골의 침입 과정에서 고려의 많은 문화재가 사라졌는데, 대표적으로 신라 선덕 여왕 때 만들어진 황룡사 구층 목탑이 있어요.

몽골의 침입이 계속되자, 고려 정부는 몽골에 항복하기로 결정했어요. 강화 도로 옮겼던 **수도를 다시 개경으로 옮기고(개경 환도)** 몽골과 화해의 약속을 맺은 것이죠.

그런데 이러한 고려의 결정을 거부하며 끝까지 몽골과 싸울 것을 주장한 세력이 있었는데, 바로 과거 최우가 조직했던 **삼별초**예요.

**삼별초는 개경으로 돌아가지 않고 강화도에서 진도, 제주도 항파두리로 근거지를 옮기며 몽골에 저항**했어요. **삼별초의 항쟁**은 백성들의 도움을 받으며 약 3년 동안 계속되었지만, 결국 고려와 몽골 연합군의 대대적인 공격으로 실패하고 말았답니다.

한편, 고려 정부가 개경으로 환도한 이후 몽골은 원이라는 국가를 세워 본격적으로 고려의 정치에 간섭을 하기 시작했어요. 바로 **원 간섭기**가 시작된 것이었죠.

**황룡사 구층 목탑의 역사는 어떻게 될까?**

황룡사 구층 목탑은 신라 선덕 여왕 때 자장의 건의에 따라 만들어진 탑이었어요. 하지만 몽골의 침입을 받는 과정에서 불에 타게 되었고 오늘날 황룡사 구층 목탑은 남아있지 않고 복원된 모형만 남아있답니다.

▲ 황룡사 구층 목탑 복원도

▲ 항파두리 항몽 유적지(제주)

우리는 절대 항복하지 않아!

이제 끝났어! 항복해라!!

고려처럼 포기하는 것이 나쁜 것만은 아니야! 우리도 공부 포기하자!

## ✱ 원 간섭기, 고려에는 어떤 변화가 일어났을까?

이때부터 고려의 왕은 원의 공주와 결혼하여 원의 사위 국가가 되었으며, 심지어 원의 마음대로 고려의 왕을 임명하기도 했어요. 이 시기 고려의 왕들은 원에 충성한다는 의미에서 충렬왕, 충선왕처럼 이름 앞에 '충성 충(忠)'자를 붙이기도 했죠. 원은 **정동행성**이라는 관청을 설치해서 고려의 정치에 사사건건 참견했어요. 또한 고려의 일부 영토를 직접 다스리기 위해 **화주(지금의 함경도 영흥) 지역에 쌍성총관부**를 두기도 했어요.

뿐만 아니라 원에서 들어온 풍습은 백성들의 일상생활에도 깊은 영향을 끼쳤어요. 몽골 사람들이 좋아하는 사냥매를 원에 바쳤으며, **몽골식 머리 모양인 변발**이 유행하기도 했어요. 이렇게 고려에서 유행한 몽골의 풍습을 **몽골풍**이라고 한답니다.

**정동행성**
원이 동쪽(일본)을 정벌하기 위해 설치한 관청이었으나 태풍을 만나 일본 정벌에 실패하자 고려의 정치를 간섭하는 기구로 변화했어요.

**쌍성총관부**
1258년 몽골이 설치한 통치 기구로 1356년 공민왕이 무력으로 탈환하기 전까지 화주 이북 땅에 영향력을 행사했어요.

---

### 초능력 온달 O X 퀴즈
이 글의 내용과 일치하면 O표, 일치하지 않으면 X표 해보세요.

**1** 고려는 몽골이 침입하자 수도를 평양으로 옮겼습니다.   ( O , X )

**2** 김윤후가 처인성에서 몽골군을 물리쳤습니다.   ( O , X )

### 초능력 평강 퀴즈

**1** 다음에서 설명하는 군대의 이름을 쓰시오.

- 무신 집권기에 설치되었다.
- 고려 정부가 수도를 강화도에서 개경으로 옮기자, 이에 반발하며 진도와 제주도를 근거지로 삼아 몽골에 항전하였다.

(       )

**2** 몽골이 고려를 침입한 결과로 옳은 것을 고르시오.

(       )

① 조선이 건국되었다.
② 원 간섭기가 시작되었다.
③ 웅진으로 수도를 옮겼다.
④ 무신들이 정변을 일으켰다.
⑤ 강감찬이 귀주 대첩에서 승리하였다.

⊙ 정답과 해설 9쪽

### 우리학교 객관식 문제

**01** (가)에 들어갈 인물로 옳은 것은?

> 용인의 처인성 부곡에서 승려 (가)이/가 몽골의 장수 살리타를 쓰러뜨리며 몽골의 침입을 물리쳤어요. 이후 다시 몽골이 침입했을 때 (가)은/는 백성들을 하나로 모아 충주성을 지켜내기도 했죠.

① 최충헌　　　② 김윤후
③ 최승로　　　④ 최치원
⑤ 정중부

**02** 〈보기〉의 내용 중 원 간섭기 때 볼 수 있는 모습을 고르면?

| 보기 |
> ㄱ. 몽골풍인 변발을 하고 다니는 온달
> ㄴ. 정동행성으로 출근하는 황대감
> ㄷ. 제가 회의에 참여하는 설쌤
> ㄹ. 골품제를 비판하는 평강

① ㄱ, ㄴ　　　② ㄱ, ㄷ
③ ㄴ, ㄷ　　　④ ㄴ, ㄹ
⑤ ㄷ, ㄹ

### 우리학교 주관식 문제

**03** 다음 자료의 문화재를 만든 목적을 쓰시오.

> 재조대장경은 부처님의 말씀을 나무 목판에 새긴 문화재입니다. 오랜 기간 동안 제작하다보니 나무 목판의 수가 팔만 장이 넘어가 팔만대장경이라고 불립니다.

(　　　　　　　　　　　　)

### 한국사능력검정시험

**04** 다음 외교 문서를 보낸 국가에 대한 고려의 대응으로 옳은 것은?

기본 54회

> 칸께서 살리타 등이 이끄는 군대를 너희에게 보내 항복할지 아니면 죽임을 당할지 묻고자 하신다. 이전에 칸께서 보낸 사신 저고여가 사라져서 다른 사신이 찾으러 갔으나, 너희들은 활을 쏘아 그를 쫓아냈다. 너희가 저고여를 살해한 것이 확실하니, 이제 그 책임을 묻고 있는 것이다.

① 이자겸이 사대 요구를 수용하였다.
② 서희가 소손녕과 외교 담판을 벌였다.
③ 김윤후 부대가 처인성에서 적장을 사살하였다.
④ 강감찬이 군사를 이끌고 귀주에서 크게 승리하였다.

오픈아이

## 한판 정리

### 공민왕의 정책

| 공민왕(♥ 노국 대장 공주)의 개혁 정치 | |
| --- | --- |
| 반원 자주 | • 기철 등 친원 세력 제거<br>• 몽골풍 금지<br>• 정동행성 폐지<br>• 쌍성총관부를 되찾음 |
| 왕권 강화 | • 전민변정도감 설치(신돈) |

## 설쌤의 한국사 스토리텔링

# 공민왕의 개혁 정책에 대해 알아봅시다

 더 알아보기

**왕의 이름 뒤엔 '조'나 '종'이 붙는 것 아닌가요?**

원 간섭기가 시작되며 왕의 이름에 변화가 일어났어요. 원이 고려 왕실의 호칭을 낮추면서 '조'나 '종'이 아닌 '왕'을 붙이도록 한 거예요.

**＊자주적**
남의 보호나 간섭을 받지 않고 스스로 처리함

**＊명**
한족이 원을 멸망시키고 세운 나라

**＊권문세족**
원 간섭기 지배층으로 친원 세력을 뜻함

**＊횡포**
제멋대로 행동함

**＊반원**
원에 반대함

### ✱ 공민왕은 어떻게 개혁을 추진할 수 있었을까?

공민왕은 원 간섭기가 시작된 이후 있었던 이전의 왕들과 마찬가지로 어려서부터 원으로 가 생활하고 원의 공주와도 결혼했어요. 이때 공민왕과 결혼한 원의 공주, 노국 대장 공주는 공민왕과의 애틋한 사랑 이야기로도 유명해요.

결혼 후 고려로 돌아와 왕이 된 공민왕은 어린 시절을 원에서 보내긴 했지만 이제는 원의 간섭에서 벗어나 자주적＊인 정치를 해나가고 싶었어요. 때마침 이 시기에 원 내부에서 일어나는 잦

▲ 공민왕과 노국 대장 공주

은 전쟁과 반란 때문에 원의 힘이 약해지고 있었어요. 게다가 새롭게 등장한 명이 원을 중국 대륙에서 몰아내던 시기이기도 했죠. 때문에 다시 고려의 자주성을 되찾고자 하는 공민왕의 개혁이 실현될 수 있었던 거예요.

### ✱ 공민왕이 제거한 기철은 누구일까?

무신 집권기가 끝나고 시작된 원 간섭기에는 원의 힘을 바탕으로 엄청난 권력을 휘두르던 세력이 있었으니, 이들을 권문세족＊이라 해요. 권문세족은 권력을 이용하여 백성들을 강제로 노비로 만들거나 백성들의 토지를 빼앗았어요. 이들이 가진 땅이 너무 커 산과 하천을 땅의 경계로 삼았다고 해요.

그중에서도 원으로 끌려갔다가 원 황제의 아내가 된 기황후의 오빠, 기철이 동생의 힘을 등에 업고 횡포＊를 부리고 있었어요. 개혁을 위해선 이들을 먼저 제거해야 한다고 생각한 공민왕은 기철 등 친원 세력을 몰아냈어요. 이를 시작으로 공민왕은 원의 간섭에서 벗어나 고려의 자주성을 되찾기 위한 다양한 반원 자주 정책을 펼치기 시작했답니다.

## ✳ 공민왕은 어떤 반원 자주 정책을 펼쳤을까?

공민왕은 원래 고려의 제도와 풍습을 되찾기 위해 고려에서 유행하고 있는 **몽골풍을 금지**했어요. 공민왕 자신도 왕이 되자마자 변발을 풀어헤치고 원의 옷을 벗어 던졌죠. 그리고 원이 고려를 간섭하기 위해 두었던 **정동행성을 없애 버렸어요.**

원이 고려의 영토를 직접 통치하기 위해 화주(지금의 함경도 영흥) 지역에 설치했던 **쌍성총관부도 빼앗아 철령 이북 지역의 영토를 되찾기도 했어요.**

▲ 공민왕 때 되찾은 영토

### 공민왕의 몽골풍 폐지

공민왕이 원의 제도를 따라 변발과 호복을 하고 궁전에 올라앉으니 …… 이연종이 "변발과 호복은 고려의 제도가 아니므로 전하께서는 본받지 마소서."라고 하였다. 공민왕이 기뻐하며 즉시 변발을 풀고 그에게 옷과 이불을 하사하였다.　　　　－『고려사』－

공민왕이 원의 간섭을 물리쳤듯이, 나도 황대감의 간섭을 물리치고 목표를 이룰 거야!

온달아! 할 수 있어! 열심히 해보자!

**전민변정도감 설치**

신돈이 전민변정도감을 둘 것을 청원하고, …… 방을 붙여 각처에 알리기를 "…… 이제 도감을 두어 이를 바로잡으려 하니 …… 그 잘못을 알고 스스로 고치는 자는 죄를 묻지 않을 것이며, …… 거짓으로 호소하는 자는 도리어 죄를 줄 것이다."라고 하였다. 이 명령이 나오자 권세가와 힘 있는 자들이 빼앗은 땅을 그 주인에게 돌려주므로 모든 사람이 기뻐하였다.
－『고려사』－

## ＊ 공민왕은 어떤 왕권 강화 정책을 펼쳤을까?

공민왕에게는 원의 간섭을 벗어나는 것도 중요했지만 친원 세력의 횡포에 고통받는 백성들을 위한 정책을 시행하는 것도 중요했어요. 그러기 위해서는 권문세족의 힘을 약화시켜 왕권을 강화해야 했죠.

공민왕은 **신돈**이라는 승려를 등용＊하고 **전민변정도감**＊이라는 기구의 책임자로 임명했어요. 이곳에서 **신돈**은 권문세족들이 강제로 **빼앗은 땅**을 다시 **백성들에게 돌려주고**, 억울하게 노비가 된 사람들을 원래 신분으로 되돌려줬어요.

 **능력 온달 Ⓞ Ⓧ 퀴즈**　이 글의 내용과 일치하면 O표, 일치하지 않으면 X표 해보세요.

❶ 공민왕 때 고려는 강화도에서 개경으로 돌아왔습니다.　( Ⓞ , Ⓧ )
❷ 공민왕은 고려의 자주성을 회복하고자 반원 정책을 펼쳤습니다.　( Ⓞ , Ⓧ )

### 능력 평강 퀴즈

❶ 다음에서 설명하는 인물의 이름을 쓰시오.

• 공민왕에 의하여 등용되었다.
• 친원 세력이 불법적으로 빼앗은 토지를 다시 백성들에게 돌려주고, 억울하게 노비가 된 사람들을 해방시켜 주었다.

( 　　　　　　 )

❷ 공민왕의 업적으로 옳은 것을 고르시오.

( 　　　 )

① 과거제를 실시하였다.
② 삼별초를 설치하였다.
③ 정동행성을 폐지하였다.
④ 시무 28조를 수용하였다.
⑤ 처인성에서 몽골군을 물리쳤다.

🔅 정답과 해설 10쪽

# 초능력 Level up 문제

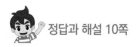
정답과 해설 10쪽

## 우리학교 객관식 문제

**01** 밑줄 친 '이 기구'에 해당하는 것은?

> 공민왕은 신돈을 이 기구의 책임자로 임명하고 권문세족들이 강제로 빼앗은 땅을 다시 백성들에게 돌려주고, 억울하게 노비가 된 사람들을 원래 신분으로 되돌려주도록 하였어요.

① 정방      ② 교정도감
③ 정동행성      ④ 쌍성총관부
⑤ 전민변정도감

**02** 〈보기〉의 내용 중 공민왕의 업적으로 옳은 것을 고르면?

> ┤ 보기 ├
> ㄱ. 수도를 강화도로 옮겼다.
> ㄴ. 쌍성총관부를 공격하였다.
> ㄷ. 기철 등 친원 세력을 제거하였다.
> ㄹ. 최고 권력 기구로 교정도감을 설치하였다.

① ㄱ, ㄴ      ② ㄱ, ㄷ
③ ㄴ, ㄷ      ④ ㄴ, ㄹ
⑤ ㄷ, ㄹ

## 우리학교 주관식 문제

**03** 공민왕의 개혁 정책 중 2가지를 골라 쓰시오.

- 
- 

## 한국사능력검정시험

**04** (가) 왕의 업적으로 옳은 것은?
기본 63회

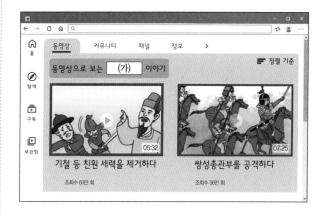

동영상으로 보는 (가) 이야기
기철 등 친원 세력을 제거하다    05:32    조회수 63만 회
쌍성총관부를 공격하다    07:25    조회수 36만 회

① 사비로 천도하였다.
② 북한산 순수비를 세웠다.
③ 독서삼품과를 실시하였다.
④ 전민변정도감을 설치하였다.

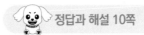
정답과 해설 10쪽

## 07 칭기즈 칸의 몽골, 고려를 침략하다

**몽골의 침입에 대한 대응**

- 최우는 수도를 강화도로 옮김
- 처인성 전투에서 ❶ 김◻◻후 이/가 활약함
- 부처의 힘으로 몽골을 침입을 막고자
- ❷ 팔◻대◻경 (재조대장경)을/를 제작함

**원 간섭기**

- 변발 등 ❸ 몽◻풍 이/가 유행함
- 화주 지역의 쌍성총관부를 통해 고려의 일부 영토를 다스림
- ❹ 정◻행◻을/를 설치하여 고려의 정치를 간섭함

## 08 고려를 되찾고자 노력한 공민왕

**공민왕의 개혁 정치**

- ❶ ◻철 등 친원 세력을 제거함
- 몽골풍을 금지하고 정동행성을 폐지함
- ❷ 쌍◻총◻부 을/를 공격하여 철령 이북 지역의 영토를 되찾음
- ❸ 전◻변◻도◻을/를 설치하여 권문세족들이 강제로 빼앗은 땅을 다시 백성들에게 돌려주고, 억울하게 노비가 된 사람들을 원래 신분으로 되돌려줌

고려가 원의 간섭을 받던 시기에 왕이 된 공민왕은 많은 개혁 정치를 펼쳐 나갔어요. 공민왕이 추진한 다음 개혁 정책 중 <u>두 가지</u>를 골라 공민왕이 개혁을 추진한 목적과 함께 설명해 보세요.

친원 세력 제거    몽골풍 금지    정동행성 폐지

쌍성총관부 수복*    전민변정도감 설치

＊수복 : 잃었던 땅을 되찾음

## 문익점이 가져온 작은 씨앗이 일으킨 변화

고려 공민왕 시기에 문익점이라는 사람이 원에 갔다가 돌아오는 길에 새하얀 꽃이 핀 풍경을 보게 되었어요. 알고 보니 하얀 솜이 구름처럼 피어있는 꽃은 목화였고, 문익점은 목화솜으로 옷을 만들어 입으면 추운 겨울에도 따뜻하게 지낼 수 있다는 사실을 알게 되었어요. '우리 고려에도 목화가 재배된다면 백성들이 추운 겨울을 따뜻하게 보낼 수 있을 텐데'라고 생각한 문익점은 목화씨를 고려에 가져가기로 결심했어요. 고려로 돌아온 문익점은 장인인 정천익과 목화 재배에 성공했고, 결국 문익점은 한 겨울에도 삼베옷을 입고 추위를 견뎌야 했던 백성들에게 따뜻한 겨울을 선물했답니다.

### 소주, 족두리가 몽골에서 들어온 문화라고?!

몽골과의 전쟁이 끝난 후 고려는 약 100년 동안 몽골로부터 많은 간섭을 받게 되었어요. 이때 고려에는 몽골의 풍습이, 몽골에는 고려의 풍습이 널리 퍼지면서 서로 많은 영향을 주고받게 되었어요. 이때 고려에 퍼진 몽골의 풍속을 '몽골풍'이라고 하는데, 여기에는 '벼슬아치'처럼 사람을 가리키는 '~치'라는 말 등이 있어요. 또 신부가 쓰는 족두리, 몽골의 머리 모양인 변발, 소주와 설렁탕 같은 음식도 이 시기에 몽골에서 들어와 유행했던 것들이랍니다. 반대로 몽골에는 고려의 옷, 떡과 같은 고려의 음식, 고려 청자 등 고려의 풍습이 전해졌어요. 이를 고려양이라고 해요.

해당 지도에서 공민왕 때 되찾은 영토에 색칠해보세요.

되찾은 지역

백두산 ▲

초산　강계　장진　갑주　길주

의주

안북부

화주(쌍성총관부, 철령위)

동 해

서경(평양)

개경　고 려

황 해　한강

# 5

"고려 시대 사람들의 생활 모습과 독창적인 문화의 발달"

## 09 고려 시대 사람들은 어떻게 살았을까?

#전시과 제도  #문익점  #건원중보  #활구(은병)  #벽란도

## 10 고려만의 독창적인 문화

#팔관회  #삼국사기  #삼국유사  #상감청자

#팔만대장경  #직지심체요절

976년 — 전시과 제도 도입
1101년 — 활구 제작

오픈아이

# 한판 정리

## 고려의 경제와 사회 모습

| | 고려의 경제와 사회 |
|---|---|
| 경제 | • 전시과 제도 : 관리에게 전지와 시지를 나눠줌<br>• 문익점이 목화씨를 들여옴<br>• 화폐 : 건원중보(성종), 해동통보·활구(은병) 등(숙종)<br>• 예성강 하구의 벽란도가 국제 무역항으로 번성 |
| 신분 | • 향·부곡·소민 : 거주 이전 자유 없음, 많은 세금 부담, 과거 응시 불가능<br>• 비교적 여성의 지위가 높음 |
| 사회 제도 | • 흑창 → 의창 : 빈민 구제<br>• 상평창 : 물가 조절 |

# 고려의 경제에 대해 알아봅시다

 더 알아보기

## ✳ 고려의 관리들은 일한 대가로 무엇을 받았을까?

고려의 관리들은 나랏일을 한 대가로 전시과를 받았어요. **전시과는 농경지인 전지와 땔감이 나는 들판인 시지에서 관리들이 세금을 거둘 수 있도록 한 제도**예요. 전시과는 관리를 그만두거나 죽으면 나라에 다시 돌려주는 것이 원칙이었지만 일부 욕심 많은 관리들은 토지를 자식들에게 물려주며 재산을 쌓기도 했어요.

## ✳ 언제부터 우리나라에서 목화가 재배되기 시작했을까?

일반 백성들은 겨울이 돼도 삼베로 만든 옷을 껴입고 추위를 견딜 수밖에 없었어요. 그런데 원에 갔던 **문익점**이 목화솜으로 만든 따뜻한 옷을 입고 겨울을 나는 사람들을 발견하고는 **처음으로 고려에 목화씨를 들여왔어요**. 장인인 정천익과 고려에서의 목화 재배에 성공한 문익점 덕분에 고려의 백성들은 목화솜을 넣어 삼베보다 더 따뜻한 옷을 만들어 입을 수 있게 되었답니다.

**삼베**

삼이라는 식물의 껍질에서 뽑아 낸 실로 만든 옷감으로, 바람이 잘 통해 여름에는 시원했지만 겨울에는 추위를 막아내기 힘들 었어요.

> 목화 덕분에 이번 겨울을 따뜻하게 보낼 수 있겠어!

더 알아보기

## ✴ 고려의 화폐에는 어떤 종류가 있을까?

옛날 사람들은 자기가 가지고 있는 물건을 주고 필요한 물건을 받는 물물교환의 방법으로 물건을 구했어요. 하지만 서로 바꾸고 싶은 물건이 다르거나 각자 생각하는 물건의 값이 달라 물물교환에는 불편함이 많았지요. 사람들은 이러한 문제를 해결하기 위해 화폐, 즉 돈을 만들어 사용하기 시작했어요.

고려에서는 **성종이 처음 건원중보라는 화폐를 만들었어요.** 이후 **숙종은 해동통보, 삼한통보, 활구(은병)** 등 다양한 화폐를 만들었는데, 특히 활구(은병)는 은 1근으로 만든 매우 비싼 화폐였답니다.

하지만 고려 시대에는 아직까지 화폐가 널리 사용되지 못했고, 백성들은 여전히 쌀과 옷감으로 물건을 사고팔았어요.

▲ 건원중보

▲ 활구(은병)

## ✴ 고려의 국제 무역항, 벽란도에선 무슨 일이?

고려는 **예성강 하구에 있는 벽란도에서 여러 나라와 교류**했어요.

송, 거란, 여진, 일본 상인들은 물론 머나먼 서쪽 지역의 아라비아 상인들까지 벽란도를 찾아왔지요.

이때 고려를 다녀간 아라비아 상

인들이 '고려'를 '코레'라고 부르며 고려는 '코리아'라는 이름으로 세계에 알려지게 되었습니다.

## 설쌤의 한국사 스토리텔링

# 고려의 사회에 대해 알아봅시다

 더 알아보기

**향·부곡·소**
향·부곡은 신라 때부터 있었으며 주로 농민들이 살았어요. 반면, 소는 고려 시대 때 생겼으며 국가에서 필요로 하는 물품을 생산하는 수공업자들이 주로 살았어요. 향·부곡·소는 조선 시대에 사라졌어요.

**＊호주**
한 집안의 주인으로서 가족을 거느리며 부양하는 일에 대한 권리와 의무가 있는 사람

**＊재혼**
다시 결혼함

### ✳ 향·부곡·소민들은 어떤 차별을 받았을까?

고려에는 **향·부곡·소라는 특수한 행정 구역**이 있었어요. 이곳에 사는 사람들의 신분은 일반 양민이었지만 천민과 같은 대우를 받으며 차별을 당했어요. 이들은 군·현민보다 나라에 더 많은 세금을 바쳐야 했으며 다른 지역으로 가서 살 수도 없었어요. 또 과거 시험을 볼 수 있는 기회조차 주어지지 않았죠. 때문에 참다못한 향·부곡·소민이 반란을 일으키기도 했어요.

### ✳ 고려의 여성들은 어떤 삶을 살았을까?

**고려 시대에는 비교적 여성에 대한 차별이 적었어요**. 여성도 한 집안을 대표하는 호주가 될 수 있었으며 재혼도 자유로웠지요. 또 남성이 결혼 후 처갓집에 가서 사는 처가살이의 풍습이 일반적으로 행해졌다고 해요.

부모가 자식들에게 재산을 물려줄 때에는 아들, 딸 차별 없이 골고루 받았고 아들이 없을 때는 딸이 제사를 지냈어요.

이러한 여성들의 지위는 유교 나라인 조선이 세워지면서 변화하게 되었답니다. 조선 시대에는 아들이 부모의 제사를 맡고 재산도 가장 많이 물려받는 등 남성과 여성의 차이를 강조하는 유교 윤리에 따라 여성에 대한 차별이 심해졌어요.

# ✱ 고려는 가난한 백성을 위해 어떤 정책을 시행했을까?

태조 왕건이 가난한 농민들에게 곡식을 빌려주고 가을에 추수하여 갚도록 했던 흑창은 **성종 때 의창**으로 이름이 바뀌며 더 확대되었어요.

또한 고려에는 **상평창이라는 물가<sup>✱</sup> 조절 기관**이 있었어요. 물건 값이 너무 비싸면 물건을 사지 못하는 가난한 백성들의 생활이 힘들어지는데, 이를 막기 위해 상평창을 두어 나라에서 물가를 조절해준 거예요.

✱물가
물건의 가격

흑창! 태조 왕건 부분에서 배운 내용이네요! 기억나요!

아니! 온달아! 너 정말 똑똑해진 것이냐?

 **초능력 온달 ⭕❌ 퀴즈**  이 글의 내용과 일치하면 O표, 일치하지 않으면 X표 해보세요.

❶ 고려 시대에 전시과 제도가 시행되었습니다. ( ◯ , ✕ )

❷ 숙종 때 건원중보라는 화폐가 만들어졌습니다. ( ◯ , ✕ )

**초능력 평강 퀴즈**

❶ ▢에 들어갈 무역항의 이름을 쓰시오.

> ▢은/는 황해도 예성강 근처에 있는 무역항이다. 가까운 송, 일본을 비롯하여 ▢은/는 서쪽 지역에서 온 사신과 상인들이 자주 드나들던 고려의 국제 무역항이었다.

( )

❷ 고려 사람들의 생활 모습으로 옳은 것을 고르시오.

( )

① 상평통보를 사용하였다.
② 청해진에서 무역을 하였다.
③ 향·부곡·소민은 차별을 받았다.
④ 담배 등 상품 작물을 재배하였다.
⑤ 골품에 따라 일상생활에 제약이 있었다.

✽ 정답과 해설 11쪽

## 우리학교 객관식 문제

**01** (가)에 해당하는 인물로 옳은 것은?

> [ (가) ] 이/는 목화솜으로 만든 따뜻한 옷을 입고 겨울을 나는 사람들을 발견하고는 처음으로 고려에 목화씨를 들여왔어요.

① 기철
② 신돈
③ 만적
④ 김윤후
⑤ 문익점

**02** 〈보기〉에서 향·부곡·소민에 대한 설명으로 옳은 것을 고르면?

> ┤ 보기 ├
> ㄱ. 과거 응시가 불가능하였다.
> ㄴ. 거주 이전의 자유가 없었다.
> ㄷ. 원의 권력을 바탕으로 성장하였다.
> ㄹ. 여러 대에 걸쳐 고위 관직을 차지하였다.

① ㄱ, ㄴ
② ㄱ, ㄷ
③ ㄴ, ㄷ
④ ㄴ, ㄹ
⑤ ㄷ, ㄹ

## 우리학교 주관식 문제

**03** ㉠~㉢에 들어갈 단어를 쓰시오.

> 태조 왕건이 가난한 농민들에게 곡식을 빌려주고 가을에 추수하여 갚도록 했던 ( ㉠ )은/는 성종 때 ( ㉡ )(으)로 이름이 바뀌며 더 확대되었어요. 또한 고려에는 ( ㉢ )(이)라는 물가 조절 기관을 두었어요.

㉠ :

㉡ :

㉢ :

## 한국사능력검정시험

**04** (가) 국가의 경제 상황으로 옳은 것은?

기본 61회

① 모내기법이 전국적으로 확산되었다.
② 벽란도가 국제 무역항으로 번성하였다.
③ 낙랑군과 왜 사이에서 중계 무역을 하였다.
④ 청해진을 중심으로 해상 무역을 전개하였다.

정답과 해설 12쪽

 이전에는 물물교환으로 물건을 사고팔다가, 고려 시대에 다양한 돈(화폐)이 만들어졌어요. 물물교환의 방식을 사용하던 사람들이 돈을 만들어낸 이유는 무엇이었을까요? 물물교환의 불편한 점을 근거로 들어 화폐가 생긴 이유를 설명해 보세요.

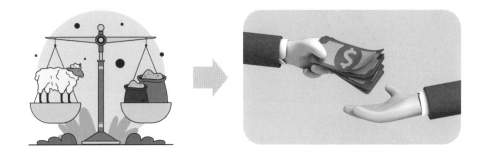

# ⑩ 고려만의 독창적인 문화

12~13세기 · 상감청자 유행
1377년 · 직지심체요절 간행

로빈이 덕분에 너무 잘 먹었다~!

돈을 찾아주니 주인이 밥도 사주네요! 설쌤 우린 이제 어디로 가나요?

우리는 지금 프랑스로 갈 거야!

설쌤! 저분은 누구신가요?

저분은 바로 박병선 박사님이셔!

직지심체요절의 존재를 알리신 그분이죠?

프랑스 국립 도서관

맞아! 현재 존재하는 세계에서 가장 오래된 금속 활자본인 직지심체요절의 존재를 전세계에 알린 분이야!

잠깐만요, 설쌤! 박병선 박사님은 외규장각 의궤를 우리나라에 알리신 분 아닌가요?

역시 평강이구나! 맞아. 박병선 박사님은 병인양요 때 프랑스군이 철수하면서 가져간 외규장각 의궤의 존재도 알리셨지!

외규장각? 짜장면 집 이름 같아요! 외규장각은 무엇이고, 의궤는 또 무슨 말이에요?

설민석의 한국사 대모험 26권 박병선편을 읽어봐!

좋아! 그럼 고려 시대는 여기까지 보는 것으로 하고 우린 조선 시대로 떠나볼까?

네! 설쌤!!

왈! 왈!

## 한판 정리

### 고려의 불교 문화

| 불상 | 탑 | 불교 행사 |
|---|---|---|
| • 관촉사 석조 미륵보살 입상<br>• 이천동 마애여래 입상<br>• 용미리 마애 이불 입상 | • 월정사 팔각 구층 석탑<br>• 경천사지 십층 석탑 | • 연등회<br>• 팔관회 |

## 한판 정리

### 고려의 역사서와 청자, 인쇄술

| 역사서 | 청자 |
| --- | --- |
| • 『삼국사기』(김부식) : 우리나라에 남아있는 가장 오래된 역사책<br>• 『삼국유사』(일연) : 단군 신화 수록 | • 순수 청자<br>• 상감청자 : 상감 기법(표면을 파내고 다른 재료를 넣는 고려의 독자적 방법) |
| **팔만대장경(재조대장경)** | **직지심체요절** |
| • 목판 인쇄본<br>• 몽골의 침입을 이겨 내고자 제작<br>• 현재 해인사 장경판전에 보관<br>• 유네스코 세계 기록 유산 등재 | • 현재 전해지는 가장 오래된 금속 활자본<br>• 현재 프랑스 국립 도서관에 보관<br>• 유네스코 세계 기록 유산 등재 |

# 고려의 불교문화에 대해 알아봅시다

**✱ 고려 시대에 제작된 불상은 어떤 특징을 가지고 있을까?**

불교는 고려에서 가장 중요하게 생각했던 종교였던 만큼 고려 시대엔 다양한 불교 문화재가 만들어졌어요. 고려 왕실은 불교를 이용해 백성들의 마음을 하나로 모으고 왕실의 위엄을 보여주기 위해 지방 곳곳에 거대한 불상을 만들있어요. 특히 고려는 삼국 시대와 달리 균형미보다, 지역적 특성을 반영한 거대한 불상을 많이 만들어 부처님에 대한 깊은 마음을 보여줬어요.

대표적으로 **논산 관촉사 석조 미륵보살 입상**은 높이가 18m가 넘는 거대한 불상으로 '은진미륵'이라 부르기도 해요. 이 외에도 **안동 이천동 마애여래 입상, 파주 용미리 마애 이불 입상** 등 고려만의 독특한 불상이 있답니다.

▲ 논산 관촉사
석조 미륵보살 입상

▲ 안동 이천동
마애여래 입상

▲ 파주 용미리
마애 이불 입상

우와 진짜 크다!!

▲ 평창 월정사
팔각 구층 석탑

*다각 다층
여러 각도와 여러 개의 층

▲ 개성 경천사지
십층 석탑

*안녕
아무 탈 없이 편안함

## * 고려 시대에 제작된 탑은 어떤 특징을 가지고 있을까?

고려에는 불상뿐만 아니라 탑도 지방 곳곳에 세워졌어요. 고려의 탑은 정해지지 않은 다양한 모습으로 만들어졌으며, 나라가 세워진 이후 계속해서 깊은 관계를 유지하던 송과 원의 영향을 받은 탑들도 만들어졌어요.

고려 전기에 세워진 **평창 월정사 팔각 구층 석탑**은 송의 영향을 받아 만들어진 다각 다층* 탑으로, 고려의 화려한 불교 문화를 잘 보여줘요. 이후 원 간섭기에 원의 영향을 받아 만들어진 **개성 경천사지 십층 석탑**은 원이나 티베트 불탑과 비슷한 모습을 하고 있어요. 현재 국립 중앙 박물관에 가면 경천사지 십층 석탑을 만나볼 수 있답니다.

## * 고려의 화려한 축제, 연등회와 팔관회는 무엇일까?

고려는 연등회, 팔관회라는 불교 행사를 크게 열었어요. 이른 봄에 열린 **연등회**에서 사람들은 곳곳에 등불을 밝혀 농사가 잘되게 해달라고 부처님께 소원을 빌었어요. **팔관회**가 열리면 사람들은 여러 신들에게 나라의 안녕*을 빌었고, 공연과 놀이를 즐겼어요. 특히 개경에서 팔관회가 열리면 여러 나라의 상인들이 개경에 와서 교류하는 등 함께 축제를 즐겼답니다.

# 고려의 역사서와 청자에 대해 알아봅시다

## ✱ 고려의 역사서에는 무엇이 있을까?

삼국 시대에도 여러 역사서가 만들어졌지만 아쉽게도 지금은 남아있지 않아요. 그렇다면 우리나라에 **현재 남아있는 역사서 중 가장 오래된 책**은 무엇일까요? 바로 고려 인종 때 **김부식이 쓴 『삼국사기』**예요. 왕의 명령으로 삼국의 역사를 정리하기 시작한 유학자 김부식은 최대한 사실적으로 역사를 서술하려고 했어요.

반면 원 간섭기에 **승려 일연이 쓴 『삼국유사』**는 『삼국사기』와 같은 시대의 역사를 다루고 있지만, 김부식은 다루지 않았던 신비한 이야기들을 책에 담았어요. 우리가 잘 알고 있는 **단군 신화의 내용도 『삼국유사』**에 쓰여 있답니다.

이렇듯 고려의 두 역사서를 통해 역사를 바라보는 관점*에 따라 같은 시대를 다루더라도 다른 내용의 책이 쓰일 수 있다는 사실을 알 수 있어요.

▲ 삼국사기

▲ 삼국유사

＊관점
사물이나 현상을 관찰할 때, 보고 생각하는 태도나 방향

▲ 청자 상감 운학문 매병

*독창적
다른 것을 따라하지 않고, 새로운 것을 처음으로 만들어 내거나 생각해 내는 것

**송의 사신이 감탄한 고려청자**

도기의 빛깔이 푸른 것을 고려인은 비색(翡色)이라고 하는데, 근래에 들어 제작 기술이 정교해져 빛깔이 더욱 좋아졌다. 술병의 모양은 참외와 같은데, 위에는 연꽃 위에 오리가 엎드린 모양의 작은 뚜껑이 있다. 또 주발·접시·술잔·사발·꽃병·탕기·옥잔도 잘 만들었는데 이는 모두 중국의 그릇 만드는 법식을 모방한 것이기 때문에 그림을 그리지 않고 생략한다. 다만 술병은 다른 그릇과 다르기 때문에 특별히 기록한다.

– 『고려도경』, 인종 1년 –

# ✳ 고려의 청자는 어떤 특징을 가지고 있을까?

　고려의 독창적인 문화가 잘 나타나는 것 중 하나는 **고려청자**예요. 은은하면서도 투명한 푸른빛을 띤 고려청자는 매우 아름다워 세계적으로 인기가 많았어요. 당시 고려에 방문한 송의 사신이 고려청자를 보고 엄청나게 감탄했다는 기록이 오늘날에도 전해지고 있어요.

　특히 고려 사람들은 상감 기법을 적용한 고려만의 독창적*인 청자를 만들기도 했어요. **상감 기법은 그릇의 표면을 파낸 부분에 백토나 흑토를 채워 무늬를 내는 기술**을 말해요. 이렇게 만들어진 **상감청자**는 신비로운 빛깔을 띠어 어느 나라에서도 따라 하지 못했다고 해요. 참고로 상감청자는 흙과 연료가 많은 전라도 강진과 부안 지역에서 유명했답니다.

안돼!! 온달이가 결국...
2권도 거의 다 해가네...

황대감.
이제 방해 그만하고
응원해주는 건 어때요?

은은한 청색이
너무 아름다워!

## 설쌤의 한국사 스토리텔링

# 고려의 인쇄술에 대해 알아봅시다

**\* 고려는 왜 팔만대장경(재조대장경)을 만들었을까?**

고려가 처음 대장경<sup>\*</sup>을 만들기 시작한 것은 거란이 침입했던 때였어요. 거란의 침입을 부처님의 힘으로 물리치고자 부처님의 말씀을 나무판에 새겨 넣었는데, 이때 만들어진 대장경을 **초조대장경**이라고 해요.

하지만 이후 몽골의 침입으로 초조대장경이 불에 타버리자 고려 사람들은 다시 대장경을 만들기 시작했어요. **몽골의 침입 역시 부처님의 힘으로 물리치고자** 한 것이죠. 이때 만들어진 대장경을 다시 만들었다는 뜻에서 **재조대장경**이라고 해요. 그리고 재조대장경은 부처님의 말씀이 새겨진 나무판이 팔만여 장이 된다고 해서 **팔만대장경**이라 부르기도 해요.

팔만대장경은 현재 조선 시대에 지어진 **경남 합천 해인사 장경판전에 보관**되어 있어요. 팔만대장경에는 수많은 글자가 새겨져 있지만 틀린 글자가 거의 없고 옛날 모습 그대로 보존되어 있기 때문에 그 가치를 인정받아 2007년에 **유네스코 세계 기록 유산에 등재**되었답니다.

더 알아보기

\* 대장경
부처님의 말씀을 모두 모아 기록한 경전

▲ 팔만대장경판(재조대장경판)

▲ 경남 합천 해인사 장경판전

부처님! 우리 고려를 지켜주세요

*활자
네모 모양의 금속 윗면에 문자 등을 볼록 튀어 나오게 새긴 것

▲ 직지심체요절

## ✱ 고려에서 만들어진 세계에서 가장 오래된 금속 활자본?

고려에서는 책을 만들 때 팔만대장경처럼 나무판에 글자를 새기기도 했지만, 금속 활자*를 이용하기도 했어요. 1377년 청주 흥덕사에서 만들어진 **직지심체요절**은 서양에서 최초로 인쇄했다는 구텐베르크의 금속 활자본보다 앞서 만들어진 **세계에서 가장 오래된 금속 활자본**이에요. 쉽게 부러지는 나무보다 더 탄탄한 금속으로 만들어졌기 때문에 보관이 쉽다는 특징이 있어요.

하지만 안타깝게도 직지심체요절은 조선 시대에 프랑스로 넘어가 **현재 프랑스 국립 도서관에 보관**되어 있어요. 그럼에도 직지심체요절은 문화적 가치를 인정받아 2001년에 **유네스코 세계 기록 유산에 등재**되어 있답니다.

## ✱ 목판 인쇄술과 활판 인쇄술의 차이점은 무엇일까?

나무판에 글씨를 새긴 후 먹을 칠해 종이를 덮어 찍어내는 목판 인쇄는 한 번 만들어놓으면 많은 양의 책을 인쇄할 수 있다는 장점이 있지만, 글씨를 새길 때 실수를 하면 처음부터 다시 제작해야 하기 때문에 긴 시간이 걸린다는 단점이 있어요.

반면 금속 활자를 이용한 활판 인쇄술은 활자를 찍을 때마다 원하는 글자에 맞춰 배열한 뒤 찍어내면 되기 때문에 보관이 쉽고, 다양한 종류의 책을 인쇄할 수 있다는 장점이 있어요. 하지만 종이에 찍어내는 과정에서 종이에 붙어 떨어져 나가기 때문에 계속 활자를 다시 배열해야 한다는 단점이 있어요.

그래서 적은 종류를 많이 생산할 때는 목판 인쇄술이, 많은 종류를 적게 생산할 때는 활판 인쇄술이 더 편리했답니다.

\* 배열
일정한 순서나 간격에 따라 나열함

---

능력 온달 ⓞ ⓧ 퀴즈　이 글의 내용과 일치하면 O표, 일치하지 않으면 X표 해보세요.

❶ 고려 시대에는 상감 기법으로 제작한 상감 청자가 발달했습니다.　( ⃝ , ⃠ )
❷ 직지심체요절은 합천 해인사 장경판전에 보관되어 있습니다.　( ⃝ , ⃠ )

### 초능력 평강 퀴즈

❶ 다음에서 설명하는 역사서의 제목을 쓰시오.

- 김부식이 인종의 명령을 받아 편찬하였다.
- 우리나라에 남아있는 가장 오래된 역사서이다.

( 　　　　　 )

❷ 팔만대장경(재조대장경)은 ㉠의 침입을 부처님의 힘으로 막고자 제작하였다. 다음 중 ㉠에 해당하는 것은?

( 　　　 )

① 왜구　　　　② 거란
③ 여진　　　　④ 몽골
⑤ 홍건적

😊 정답과 해설 12쪽

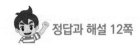

## 우리학교 객관식 문제

**01** 〈보기〉에서 고려의 문화유산을 고른 것은?

┤ 보기 ├
ㄱ. 미륵사지 석탑
ㄴ. 불국사 삼층 석탑
ㄷ. 이천동 마애여래 입상
ㄹ. 관촉사 석조 미륵보살 입상

① ㄱ, ㄴ      ② ㄱ, ㄷ
③ ㄴ, ㄷ      ④ ㄴ, ㄹ
⑤ ㄷ, ㄹ

**02** 다음 중 고려의 문화에 대한 설명으로 옳지 <u>않은</u> 것은?

① 불교 행사로 연등회와 팔관회가 있었다.
② 삼국사기에는 단군 신화가 수록되어 있다.
③ 월정사 팔각 구층 석탑은 다각 다층의 석탑이다.
④ 상감청자는 고려의 독자적인 기법인 상감 기법으로 만들었다.
⑤ 팔만대장경은 현재 해인사 장경판전에 보관되어 있다.

## 우리학교 주관식 문제

**03** 다음 자료에 해당하는 문화재를 쓰시오.

- 현재 프랑스 국립 도서관에 보관되어 있어요.
- 1377년 청주 흥덕사에서 만들어진 세계에서 가장 오래된 금속 활자본이에요.
- 문화적 가치를 인정받아 유네스코 세계 기록 유산에 등재되어 있어요.

(                          )

## 한국사능력검정시험

**04** (가)에 들어갈 문화유산으로 옳은 것은?

기본 64회

오늘 합천 해인사에서는 [ (가) ]을 머리에 이고 가는 정대불사가 진행되었습니다. 이 행사는 부처의 힘으로 몽골의 침략을 물리치고자 만든 [ (가) ]을 강화도에서 해인사로 옮긴 것을 기념하기 위해 시작되었습니다.

**해인사에서 정대불사 기념 행사 열려**

① 초조대장경      ② 직지심체요절
③ 팔만대장경판      ④ 무구정광대다라니경

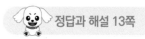

## 09 고려 시대 사람들은 어떻게 살았을까?

**경제**

● ❶ 전◻과◻ 제도 : 관리에게 전지와 시지를 나눠줌

● ❷ 문◻◻ : 목화를 들여옴

● 화폐 : 건원중보, 해동통보, 활구(은병) 등

● 대외 무역 : 예성강 하구의 ❸ 벽◻◻ 이/가 국제 무역항으로 번성함

**사회 제도**

● ❹ 의◻ : 흑창이 확대된 기구로 빈민을 구제하는 기관

● ❺ 상◻◻ : 물가 조절 기관

## 10 고려만의 독창적인 문화

| 역사서 | 청자 | 팔만대장경(재조대장경) | ❹ 직◻심◻ 요◻ |
| --- | --- | --- | --- |
| ● ❶ 삼◻◻기 : 우리나라에 남아있는 가장 오래된 역사책<br>● ❷ ◻국◻사 : 단군 신화 수록 | ● 상감청자 : 상감 기법으로 제작 | ● ❸ 몽◻의 침입을 이겨 내고자 제작<br>● 현재 경남 합천 해인사 장경판전에 보관 | ● 현재 전해지는 가장 오래된 금속 활자본<br>● 현재 프랑스 국립 도서관에 보관 |

## 설쌤의 지식 오픈!

" 
# 고려가 정리한 삼국의 역사, 삼국사기와 삼국유사!
"

우리나라에 남아있는 가장 오래된 역사책이 무엇인지 아시나요? 바로 고려 시대에 김부식이 쓴 『삼국사기』예요. 고구려, 백제, 신라의 역사를 정리할 필요가 있다고 생각한 김부식은 왕의 명령을 받아 『삼국사기』를 썼고, 이는 현재 우리가 옛날 삼국 시대에 어떤 일이 일어났는지를 알게 해주는 중요한 자료가 되었어요. 하지만 유학자였던 김부식은 신화나 전설 이야기는 빼고 사실적인 내용들만 기록했어요. 『삼국사기』에 빠진 불교 관련 이야기나 신비한 이야기들은 일연 스님이 쓴 『삼국유사』에서 확인할 수 있어요. 고조선의 건국 과정을 담은 단군신화도 『삼국유사』에서 확인할 수 있답니다.

▲ 삼국사기 　　　　　　　　　▲ 삼국유사

고려 시대는 고려만의 독자적인 상감 기법으로 상감청자를
만들었어요. 여러분도 나만의 도자기를 그려보고 특징을 써보세요.

설명

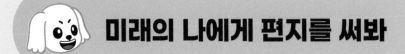 

에게

# to do list

- ☐ _____
- ☐ _____
- ☐ _____
- ☐ _____
- ☐ _____

memo

# to do list

- ☐ _____
- ☐ _____
- ☐ _____
- ☐ _____
- ☐ _____

memo

# 설민석의 초등 한국사 ②

## 정답과 해설

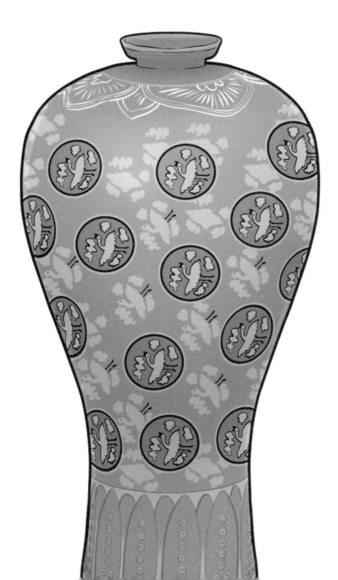

## 1 민족을 재통일한 고려, 통치 체제를 정비하다

### 01 후삼국을 통일한 왕건, 평화를 위해 노력하다

**초능력 온달 OX 퀴즈** ❶ X 견훤은 완산주(전주)에서 후백제를 세웠다. ❷ O

**초능력 평강퀴즈** ❶ 궁예 ❷ ②

1. 송악(개성)에서 후고구려를 세운 궁예는 자신을 미륵이라 칭하며 난폭한 정치를 시행하다가 부하 장수였던 왕건에 의해 쫓겨났다.

2. 태조 왕건은 옛 발해의 유민까지 포용하였다.

#### 초능력 Level up 문제

01 ①
02 ②
03 (1) (가) 기인 제도 (나) 사심관 제도
   (2) **예** 태조 왕건이 호족을 견제하기 위해 시행하였다.
04 ①

### 01 후삼국 통일 과정

**자료 분석**

(가) 900년에 견훤이 완산주(전주)에서 후백제를 건국하였다.
(나) 901년에 궁예가 송악(개성)에서 후고구려를 건국하였다.
(다) 918년에 왕건이 고려를 건국하였다.
(라) 936년에 왕건이 신검의 후백제를 물리치고 후삼국을 통일하였다.

**정답 찾기**

① (가) 후백제 건국 – (나) 후고구려 건국 – (다) 고려 건국 – (라) 후삼국 통일 순으로 전개되었다.

### 02 태조 왕건의 업적

**자료 분석**

제시된 자료는 태조 왕건이 남긴 '훈요 10조'이다. 이를 통해 태조 왕건은 불교를 장려할 것과 발해를 멸망시킨 거란을 멀리할 것을 강조하였다.

**정답 찾기**

② ㄱ. 태조 왕건은 후삼국을 통일하였다.
   ㄹ. 태조 왕건은 가난한 농민을 구제하기 위해 흑창이라는 빈민 구제 기관을 설치하였다.

**오답 피하기**

ㄴ. 송악(개성)에서 후고구려를 세운 궁예는 수도를 철원으로 옮겼다.
ㄷ. 견훤이 완산주(전주) 지역에서 후백제를 건국하였다.

### 03 호족 견제 정책

**자료 분석**

(1) (가)는 호족의 자식들을 수도에 인질로 잡아두는 기인 제도이며, (나)는 지방 호족을 출신 지역의 사심관으로 임명하는 사심관 제도이다.

(2) 기인 제도와 사심관 제도는 모두 태조 왕건 때 시행되었으며, 호족을 견제하고자 시행되었다.

### 04 태조 왕건의 업적

**자료 분석**

신라의 왕 김부(경순왕)를 경주의 사심관으로 임명한다는 내용을 통하여 (가) 왕이 고려 태조 왕건임을 알 수 있다.

**정답 찾기**

① 태조 왕건은 후대 왕들이 지켜야 할 10가지 가르침인 '훈요 10조'를 남겼다.

**오답 피하기**

② 고려 광종 때 과거제를 시행하였다.
③ 고려 충선왕 때 원에 만권당을 설립하였다.
④ 고려 경종 때 처음으로 전시과를 마련하였다.

## 02 왕권을 강화한 광종, 체제를 정비한 성종

**1** O **2** X 고려 성종이 최승로의 시무 28조를 받아들였다.

**1** 과거제 **2** ③

1. 고려 광종 때 시험을 쳐서 관리를 선발하는 과거제가 최초로 시행되었다.

2. 고려 성종은 최고 교육 기관인 국자감을 정비했으며, 전국에 12목을 설치하고, 지방관을 파견하였다.

### 초능력 Level up 문제

01 ③

02 ③

03 ㉠ 시무 28조 ㉡ 불교 ㉢ 유교

04 ④

### 01 노비안검법

**정답 찾기**

③ 고려 광종은 억울하게 노비가 된 자를 조사하여 풀어주는 노비안검법을 시행하여 왕권을 강화하였다.

**오답 피하기**

① 고려 태조 왕건 때 호족의 자식을 수도에 인질로 두는 기인 제도를 시행하였다.

② 고려 광종 때 시험을 쳐서 관리를 선발하는 과거 제도가 시행되었다.

④ 고려 태조 왕건 때 호족을 출신 지역의 사심관으로 임명하는 사심관 제도를 시행하였다.

⑤ 고려 성종 때 전국에 12목을 설치하고 지방관을 파견하였다.

### 02 고려 성종의 업적

**자료 분석**

최승로의 시무 28조를 받아들여 국가 체제를 정비한 고려의 '왕'은 성종이다.

**정답 찾기**

③ ㄴ. 고려 성종은 2성 6부의 중앙 관청을 설치하여 국가 체제를 정비하였다.

ㄷ. 고려 성종은 전국에 12목을 설치하고 지방관을 파견하였다.

**오답 피하기**

ㄱ. 후고구려를 세운 궁예가 이후 나라 이름을 태봉으로 바꾸었다.

ㄹ. 고려 광종은 쌍기의 건의에 따라 처음으로 과거제를 시행하였다.

### 03 최승로의 시무 28조

고려 성종 때 최승로는 ㉠ 시무 28조를 올려 ㉡ 불교를 믿는 것은 자신을 다스리는 근본이며 ㉢ 유교를 행하는 것은 나라를 다스리는 근본을 구하는 것이라고 주장하였다.

### 04 고려 광종의 업적

**자료 분석**

'준풍이라는 연호', '노비안검법', '관리의 복색 제정' 등을 통해 고려 광종에 대한 내용임을 알 수 있다.

**정답 찾기**

④ 고려 광종은 쌍기의 건의를 받아들여 과거제를 처음으로 시행하였다.

**오답 피하기**

① 고려에 몽골이 침입하자 당시 집권자였던 최우는 강화도로 천도하여 항전하였다.

② 고려 공민왕은 원이 설치한 쌍성총관부를 무력으로 수복하였다.

③ 고려 성종은 지방에 12목을 설치하고 지방관을 파견하였다.

### 배운 내용으로 빈칸 채우기

**01 후삼국을 통일한 왕건, 평화를 위해 노력하다**
① 견훤  ② 궁예  ③ 왕건
④ 혼인  ⑤ 훈요 10조

**02 왕권을 강화한 광종, 체제를 정비한 성종**
① 노비안검법  ② 쌍기  ③ 최승로
④ 12목  ⑤ 2성 6부

## 03 고려가 거란을 미워한 이유

초능력 온달 OX 퀴즈  ❶ ○  ❷ ○

초능력 평강퀴즈  ❶ 귀주 대첩  ❷ ⑤

1. 거란의 3차 침입 때 강감찬이 귀주에서 거란군을 크게 물리쳤다.
2. 거란의 침입을 물리친 후 고려는 적의 침입을 대비해 나성과 천리장성을 쌓았다.

### 초능력 Level up 문제

01 ③
02 ①
03 ㉠ 강동 6주  ㉡ 강감찬  ㉢ 천리장성
04 ①

## 01 서희

**자료 분석**

거란의 장수 소손녕과 외교 담판을 벌였던 (가) 인물은 서희이다.

**정답 찾기**

③ 거란의 1차 침입 당시 서희가 외교 담판을 통해 강동 6주를 획득하였다.

**오답 피하기**

① 윤관은 별무반을 이끌고 여진을 몰아낸 후 동북 9성을 쌓았다.
② 거란의 2차 침입 때 양규가 활약하였다.
④ 거란의 3차 침입 때 강감찬이 귀주에서 거란군을 크게 물리쳤다.
⑤ 고려 인종 때 문벌 귀족 이자겸이 난을 일으켰다.

## 02 거란의 침입에 대한 고려의 대응

**정답 찾기**

① ㄱ. 거란의 2차 침입 때 양규가 활약하였다.

ㄴ. 거란의 3차 침입 때 강감찬이 귀주에서 거란군을 물리쳤다.

**오답 피하기**

ㄷ. 고려 태조 왕건은 호족을 견제하기 위해 사심관 제도를 시행하였다. 거란의 침입과는 관련이 없다.
ㄹ. 고려 성종은 지방에 12목을 설치하고 지방관을 파견하여 중앙 통치 체제를 정비하였다. 거란의 침입과는 관련이 없다.

## 03 거란의 침입에 대한 고려의 대응

거란의 1차 침입 때 서희가 외교 담판을 벌여 ㉠ 강동 6주를 획득하였으며, 거란의 3차 침입 때는 ㉡ 강감찬이 귀주에서 거란군을 물리쳤다. 거란의 침입 이후 고려는 개경 외곽에 나성을, 국경에는 ㉢ 천리장성을 쌓아 외적의 침입을 방어하였다.

## 04 거란의 침입

**자료 분석**

(가)는 거란의 1차 침입 때 고려의 신하 서희와 거란의 장수 소손녕이 벌인 외교 담판의 모습이다.
(나)는 거란의 2차 침입 때 양규가 활약한 모습이다.
(다)는 거란의 3차 침입 때 강감찬이 귀주에서 거란군을 물리친 귀주 대첩의 모습이다.

**정답 찾기**

① (가) 서희의 외교 담판 – (나) 양규의 활약 – (다) 강감찬의 귀주 대첩 순으로 전개되었다.

### 역 사 논 술

예시 답안  서희는 고려가 고구려를 계승한 나라임을 분명히 밝히면서, 고려가 거란의 땅을 침범하고 있다는 소손녕의 주장을 반박하였다. 또한 소손녕이 거란과 국경을 맞대면서 거란이 아닌 송을 섬기는 고려에 항의하자, 서희는 고려가 거란과 국경을 맞대고 있긴 하지만, 여진이 그 사이를 가로막고 있어 거란과 교류하지 못함을 이유로 들어 이를 반박하였다. 고려와 송의 관계를 끊기 위해 고려를 침략한 거란은 이러한 서희의 주장을 받아들였고, 그 결과 압록강 동쪽에 여진을 몰아낸 후 강동 6주를 획득할 수 있었다.

## 04 특별한 무술을 가진 부대를 이끌다, 윤관

❶ X 윤관의 건의에 따라 별무반이 조직되었다. ❷ O

❶ 별무반 ❷ ①

1. 윤관의 건의에 따라 만들어진 별무반은 신기군, 신보군, 항마군으로 구성된 군사 조직이다.

2. (가) 서희의 외교 담판(거란의 1차 침입) – (나) 강감찬의 귀주 대첩(거란의 3차 침입) – (다) 윤관의 동북 9성 축조(여진 정벌) 순으로 전개되었다.

### 초능력 Level up 문제

01 ②
02 ④
03 (1) 이자겸 (2) 북진 정책이 좌절되었다.
04 ②

## 01 윤관

**자료 분석**

여진에 대항한 군사 조직인 별무반의 창설을 건의한 (가) 인물은 윤관이다.

**정답 찾기**

② 윤관은 별무반을 이끌고 여진을 정벌한 뒤 동북 9성을 쌓았다.

**오답 피하기**

① 서희는 거란의 1차 침입 때 외교 담판으로 강동 6주를 획득하였다.

③ 견훤은 완산주(전주) 지역에서 후백제를 건국한 인물이다.

④ 궁예는 송악(개성) 지역에서 후고구려를 건국한 인물이다.

⑤ 최승로는 고려 성종에게 시무 28조를 건의한 인물이다.

## 02 여진의 침입에 대한 고려의 대응

**정답 찾기**

④ 윤관이 별무반을 이끌고 여진을 공격한 뒤 동북 9성을 쌓았다.

**오답 피하기**

① 신라 지증왕은 이사부를 보내 우산국을 정복하였다.

② 거란의 3차 침입 때 강감찬이 귀주에서 크게 승리하였다.

③ 고려 태조 왕건은 거란에게 받은 낙타를 만부교에 묶어 굶어 죽였다.

⑤ 백제 성왕은 신라 진흥왕과 동맹을 맺어 한강 유역 일부를 차지하였다.

## 03 금의 군신 관계 요구

(1) 여진이 금을 건국하고 세력을 키워 고려에 군신 관계를 요구하자, 당시 최고 권력자인 이자겸이 금의 군신 관계 요구를 받아들였다.

(2) 금의 요구를 수용하여 고려는 태조 왕건 때부터 추진되던 북진 정책에 실패하였다.

## 04 여진의 침입

**자료 분석**

(가) 이전은 고려 현종 때의 사실이며, (가) 이후는 고려 인종 때 이자겸이 금의 군신 관계 요구를 수용하자고 주장하는 모습이다.

**정답 찾기**

② 고려 숙종 때 윤관이 별무반 설치를 건의하였으며, 고려 예종 때 윤관이 별무반을 이끌고 여진을 정벌한 뒤 동북 9성을 쌓았다.

**오답 피하기**

① 고려 창왕 때 박위가 대마도를 정벌하였다.

③ 몽골의 침입 당시 김윤후가 처인성 전투에서 승리하였다.

④ 648년 김춘추가 당과의 군사 동맹을 성사시켰다.

### 배운 내용으로 빈칸 채우기

**03 고려가 거란을 미워한 이유**

① 서희  ② 강동 6주  ③ 강감찬

**04 특별한 무술을 가진 부대를 이끌다, 윤관**

① 별무반  ② 윤관  ③ 동북 9성
④ 이자겸

## **05** 누구를 믿어야 하나, 이자겸과 묘청

초능력 온달 OX 퀴즈  **❶** X 고려 시대에 여러 대에 걸쳐 많은 고위 관리를 배출한 가문을 문벌 귀족이라 불렀다.  **❷** O

초능력 평강퀴즈  **❶** 이자겸의 난  **❷** ④

1. 고려 인종 때 대표적인 문벌 귀족이었던 이자겸은 척준경과 함께 난을 일으켰으나 실패하였다.

2. 묘청 등 서경 세력은 풍수지리설을 바탕으로 서경 천도를 주장하였다.

초능력 Level up 문제

01 ②
02 ②
03 (1) 문벌 귀족  (2) 이자겸의 난, 묘청의 서경 천도 운동
04 ③

## **01** 고려 시대에 발생한 사건

자료 분석

(가) 거란의 1차 침입 때 서희의 외교 담판으로 강동 6주를 획득하였다.
(나) 고려 인종 때 문벌 귀족인 이자겸이 난을 일으켰으나 실패하였다.
(다) 고려 예종 때 윤관이 별무반을 이끌고 여진을 정벌한 뒤 동북 9성을 축조하였다.
(라) 고려 인종 때 묘청이 서경 천도 운동을 벌였으나 실패하자 난을 일으켰다.

정답 찾기

② (가) 서희의 외교 담판 – (다) 윤관의 동북 9성 축조 – (나) 이자겸의 난 – (라) 묘청의 서경 천도 운동 순으로 전개되었다.

## **02** 서경 세력의 주장

정답 찾기

② ㄱ, ㄷ. 묘청 등의 서경 세력은 풍수지리설을 바탕으로 서경 천도를 주장하였으며, 금의 군신 관계 요구를 거절하고 금을 정벌할 것을 주장하였다.

오답 피하기

ㄴ, ㄹ. 김부식 등의 개경 세력은 서경 천도에 반대하였으며, 금을 정벌하는 대신, 금의 군신 관계 요구를 수용하자고 주장하였다.

## **03** 문벌 귀족 사회의 동요

(1) 고려 시대에 대대로 높은 자리의 관리가 되며 고려 사회를 지배한 사람들을 문벌 귀족이라 불렀다.
(2) 고려 인종 때 발생한 이자겸의 난과 묘청의 서경 천도 운동으로 문벌 귀족 사회는 크게 흔들려 고려 사회의 갈등이 깊어져 갔다.

## **04** 김부식

자료 분석

고려의 유학자이자 정치가로 묘청의 난을 진압하고, 『삼국사기』를 편찬한 인물은 김부식이다.

정답 찾기

③ 김부식은 개경 문벌 귀족으로서 묘청의 난을 진압하였으며, 우리나라에 남아있는 가장 오래된 역사책인 『삼국사기』를 편찬하였다.

오답 피하기

① 양규는 거란의 2차 침입 당시 활약한 인물이다.
② 일연은 『삼국유사』를 편찬한 인물이다.
④ 이제현은 원 간섭기에 만권당에서 원 학자들과 교류한 유학자이다.

**예시 답안** 1) 서경 세력의 주장대로 서경으로 수도를 옮겼어야 한다고 생각한다. 당시 고려 사회는 개경을 중심으로 한 문벌 귀족의 세력이 매우 강해져 왕권이 약한 상황이었다. 또한 금이 세력을 키워 고려를 위협하고 있는 상황에서, 자신들의 권력을 유지하기 위해 금에게 항복하자는 개경 세력의 힘을 약화시킬 필요가 있었다. 이러한 상황에서 문벌 귀족의 근거지인 개경에서 서경으로 수도를 옮기면 개경 문벌 귀족의 세력을 약화시키고, 고려의 자주성을 되찾을 수 있었을 것이다.

2) 개경 세력의 주장대로 서경으로 수도를 옮기면 안 됐다고 생각한다. 서경 세력이 서경 천도의 근거로 주장하는 풍수지리설은 과학적 근거가 없으며, 오히려 권력을 얻기 위한 서경 세력의 주장일 뿐이다. 또한 나라가 안팎으로 혼란스러운 상황에서 힘을 키운 금에 대항하여 금을 공격하는 것은 오히려 고려의 백성들을 더욱 더 고통스럽게 할 수 있다.

## 06 무시당하던 무신, 정변을 일으키다

**초능력 온달 OX 퀴즈** ❶ O ❷ X 교정도감을 설치한 인물은 최충헌이다.

**초능력 평강퀴즈** ❶ 만적 ❷ ③

1. 최충헌의 노비로 개경에서 노비들을 모아 난을 계획했으나 실패한 인물은 만적이다.
2. 삼별초를 설치한 인물은 최우이다.

**초능력 Level up 문제**

| |
|---|
| 01 ① |
| 02 ② |
| 03 교정도감 |
| 04 ① |

## 01 무신 정변

**정답 찾기**

① 정중부 등의 무신들은 무신에 대한 차별 대우에 반발하여 무신 정변을 일으켰다.

**오답 피하기**

② 묘청 등 서경 세력은 서경 천도 운동이 실패하자 난을 일으켰다.

③ 최충헌의 노비인 만적이 개경에서 노비들을 모아 난을 일으키려다 실패하였다.

④ 문벌 귀족으로 권력을 누리던 이자겸이 난을 일으켰으나 실패하였다.

⑤ 만부교 사건은 고려 태조 왕건이 거란이 보낸 낙타 50마리를 만부교에 묶어 굶어 죽게 한 사건이다.

## 02 최우 때 설치된 기구

**정답 찾기**

② ㄱ. 최우는 자신의 집에 정방을 설치해 인사권을 장악하였다.

ㄷ. 최우는 특수 부대인 삼별초를 설치해 자신의 권력을 강화하는 데 이용하였다.

## 03 교정도감

고려 무신 집권기에 권력을 장악한 최충헌은 최고 권력 기구로 교정도감을 설치하였다.

## 04 무신 정변

**자료 분석**

고려 인종 때 발생한 묘청의 난과 최충헌 집권기에 발생한 만적의 난 사이에 발생한 사실을 고르는 문제이다.

**정답 찾기**

① 1170년 정중부 등 무신들은 무신에 대한 차별 대우에 반발하여 무신 정변을 일으켰다.

**오답 피하기**

② 고려 우왕 때 최무선이 화포를 제작하고 진포에서 왜구를 물리쳤다. 만적의 난 이후의 사실이다.

③ 거란의 3차 침입 때 강감찬이 흥화진에서 거란군을 물리쳤다. 묘청의 난 이전의 사실이다.

④ 몽골의 침입 당시 강화도로 천도한 고려 정부가 개경으로 환도하고 몽골과 강화를 맺자, 삼별초가 이에 반발하였다. 삼별초는 진도와 제주도를 근거지로 삼아 몽골에 대항하였다. 만적의 난 이후의 사실이다.

### 🐶 배운 내용으로 빈칸 채우기

**05 누구를 믿어야 하나, 이자겸과 묘청**
① 문벌 귀족  ② 척준경  ③ 풍수지리설
④ 김부식

**06 무시당하던 무신, 정변을 일으키다**
① 정중부  ② 교정도감  ③ 정방

**예시 답안** 노비였던 만적은 신분의 구별이 없는 평등한 사회를 꿈꾸었다. 무신 정변 이후 시작된 무신 집권기에 하층민이 권력을 잡는 모습을 지켜본 만적은 자신도 노비로서 받은 차별과 억압에서 벗어나 신분에 상관없이 권력을 잡을 수 있는 사회를 꿈꾸었을 것이다. 그러한 사회를 만들기 위해 벌였던 만적의 난은 비록 실패했지만, 만적이 꿈꾼 세상은 현재 우리가 살고 있는 귀족, 평민, 천민 등 신분의 구별이 없는 평등한 사회이다.

## 4 원의 지배에서 벗어나기 위한 노력

### 07 칭기즈 칸의 몽골, 고려를 침략하다

**초능력 온달 OX 퀴즈** ❶ X 고려는 몽골이 침입하자 수도를 강화도로 옮겼다. ❷ O

**초능력 평강퀴즈** ❶ 삼별초 ❷ ②

1. 무신 집권기에 설치된 삼별초는 고려가 개경으로 돌아가자 이에 반발하여 몽골에 항전하였다.

2. 몽골이 고려를 침입한 결과 원이 본격적으로 고려를 간섭하는 원 간섭기가 시작되었다.

**초능력 Level up 문제**

01 ②
02 ①
03 부처님의 힘으로 몽골의 침입을 막고자 제작하였다.
04 ③

### 01 김윤후

**정답 찾기**

② 몽골의 침입 당시 승려 김윤후가 용인의 처인성 부곡에서 몽골 장수 살리타를 물리쳤으며, 백성들을 하나로 모아 충주성을 지키는 등의 활약을 하였다.

**오답 피하기**

① 무신 집권기에 최충헌이 권력을 잡으면서 최씨 무신 정권이 시작되었다.

③ 최승로는 고려 성종에게 유교적 정치 이념을 담은 시무 28조를 건의하였다.

④ 최치원은 신라의 6두품 출신 유학자로, 당의 빈공과에 급제하였다.

⑤ 정중부 등의 무신들이 무신에 대한 차별 대우에 반발하여 무신 정변을 일으켰다.

### 02 원 간섭기의 모습

**정답 찾기**

① ㄱ. 원 간섭기 때 몽골풍인 변발이 유행하였다.
　　ㄴ. 원은 정동행성을 설치하여 고려의 정치를 간섭하는 기구로 활용하였다.

**오답 피하기**

ㄷ. 제가 회의는 고구려의 귀족 회의이다.
ㄹ. 골품제는 신라의 신분 제도이다.

### 03 팔만대장경(재조대장경)

고려는 부처님의 힘으로 몽골의 침입을 막으려는 염원을 담아 팔만대장경(새조대장경)을 제작하였다.

### 04 몽골의 침입에 대한 고려의 대응

**자료 분석**

'칸', '살리타', '사신 저고여' 등을 통하여 몽골이 고려에 보낸 외교 문서임을 알 수 있다. 따라서 몽골의 침입에 대한 고려의 대응을 고르는 문제이다.

**정답 찾기**

③ 몽골이 침입하자 김윤후가 이끄는 부대가 용인 처인성에서 몽골의 장수 살리타를 사살하였다.

**오답 피하기**

① 이자겸은 금의 사대 요구를 수용하였다.
② 거란의 1차 침입 때 서희가 소손녕과 외교 담판을 벌여 강동 6주를 획득하였다.
④ 거란의 3차 침입 때 강감찬이 귀주에서 거란군을 크게 물리쳤다.

## 08 고려를 되찾고자 노력한 공민왕

1. 고려 공민왕이 등용한 신돈은 전민변정도감의 책임자가 되어 공민왕의 반원 정책을 뒷받침하였다.
2. 고려 공민왕은 고려를 간섭하던 정동행성을 폐지하였다.

### 초능력 Level up 문제

01 ⑤
02 ③
03 예 친원세력 제거, 정동행성 폐지, 쌍성총관부 공격, 전민변정도감 설치
04 ④

## 01 전민변정도감

**정답 찾기**

⑤ 고려 공민왕은 신돈을 전민변정도감의 책임자로 임명하였다. 이 기구는 권문세족들이 강제로 빼앗은 땅을 백성들에게 돌려주고, 억울하게 노비가 된 사람들을 원래 신분으로 되돌려주어 권문세족의 힘을 약화시키고자 하였다.

**오답 피하기**

① 무신 집권기에 최우가 정방을 설치하여 인사권을 장악하였다.
② 무신 집권기에 최충헌이 최고 권력 기구인 교정도감을 설치하였다.
③ 원이 설치한 정동행성은 고려의 내정을 간섭하는 기구로 활용되었다. 고려 공민왕은 정동행성을 폐지하였다.
④ 원이 고려의 영토를 직접 통치하기 위해 설치했던 쌍성총관부를 고려 공민왕 때 탈환하였다.

## 02 고려 공민왕의 업적

**정답 찾기**

③ ㄴ. 고려 공민왕은 원이 설치했던 쌍성총관부를 공격하였다.

ㄷ. 고려 공민왕은 기철 등 친원 세력을 제거하며 반원 정책을 추진하였다.

**오답 피하기**

ㄱ. 몽골이 고려에 침입하자 당시 집권자였던 최우가 수도를 강화도로 옮겼다.
ㄹ. 무신 집권기에 권력을 장악한 최충헌이 최고 권력 기구로 교정도감을 설치하였다.

## 03 고려 공민왕의 개혁 정책

고려 공민왕은 원의 간섭에서 벗어나 고려의 자주성을 되찾기 위한 다양한 개혁 정책을 실시하였다. 기철 등 친원 세력을 제거하였으며, 정동행성을 폐지하였다. 또한 쌍성총관부를 공격하여 되찾았으며, 전민변정도감을 설치하여 권문세족의 세력을 약화시켰다.

## 04 고려 공민왕의 업적

**자료 분석**

'기철 등 친원 세력을 제거'하고 '쌍성총관부를 공격'한 (가) 왕은 고려 공민왕이다.

**정답 찾기**

④ 고려 공민왕은 전민변정도감을 설치하고 신돈을 책임자로 임명하였다.

**오답 피하기**

① 수도를 웅진에서 사비로 옮긴 왕은 백제 성왕이다.
② 북한산 순수비를 세운 왕은 신라 진흥왕이다.
③ 독서삼품과를 실시한 왕은 통일 신라 원성왕이다.

### 배운 내용으로 빈칸 채우기

**07 칭기즈 칸의 몽골, 고려를 침략하다**
① 김윤후  ② 팔만대장경  ③ 몽골풍
④ 정동행성

**08 고려를 되찾고자 노력한 공민왕**
① 기철  ② 쌍성총관부  ③ 전민변정도감

[예시 답안] 원의 간섭을 받던 시기에 왕이 된 공민왕은 원의 간섭에서 벗어나 고려의 자주성을 되찾기 위해 여러 가지 개혁 정책을 추진하였다. 원이 일본 정벌을 위해 설치했던 정동행성이 고려의 정치를 간섭하는 기구로 바뀌자, 이를 폐지하여 원의 간섭으로부터 벗어나고자 하였다. 또한 당시 원의 힘을 바탕으로 권력을 휘두르던 권문세족의 힘을 약화시키기 위해 신돈을 등용하고 전민변정도감을 설치하였다. 전민변정도감은 권문세족들이 강제로 빼앗은 땅을 다시 백성들에게 돌려주고, 억울하게 노비가 된 사람을 원래 신분으로 돌려주었다. 또한, 변발 등 몽골풍을 금지하고 기철 등 친원 세력을 제거하였다.

## 5 고려 시대 사람들의 생활 모습과 독창적인 문화의 발달

### 09 고려 시대 사람들은 어떻게 살았을까?

**초능력 온달 OX 퀴즈** ❶ O ❷ X 건원중보는 고려 성종 때 만들어졌다.

**초능력 평강퀴즈** ❶ 벽란도 ❷ ③

1. 예성강 하구의 벽란도는 고려의 국제 무역항으로 번성하였다.

2. 고려 시대에 향·부곡·소민은 차별을 받았다.

**초능력 Level up 문제**

01 ⑤
02 ①
03 ㉠ 흑창 ㉡ 의창 ㉢ 상평창
04 ②

## 01 문익점

**정답 찾기**

⑤ 고려 말 문익점은 원에 갔다가 돌아오는 길에 목화씨를 가져와 장인인 정천익과 함께 재배에서 성공하여 목화를 널리 보급하였다.

**오답 피하기**

① 기철은 친원 세력의 대표 인물로, 고려 공민왕 때 제거되었다.

② 고려 공민왕은 신돈을 등용하여 반원 정책을 실시하였다.

③ 최충헌의 노비인 만적이 개경에서 노비들을 모아 난을 계획하였으나 실패하였다.

④ 몽골의 침입 당시 김윤후가 처인성에서 몽골군을 물리쳤다.

## 02 향·부곡·소

**정답 찾기**

① ㄱ, ㄴ. 향·부곡·소민은 과거 응시가 불가능하였으며, 거주 이전의 자유가 없는 등 군·현민에 비해 차별을 받았다.

ㄷ. 원의 권력을 바탕으로 성장한 세력은 권문세족이다.

ㄹ. 고려 시대에 여러 대에 걸쳐 고위 관직을 차지한 대표적인 세력으로 문벌 귀족이 있다.

## 03 고려의 사회 제도

고려 태조 왕건이 빈민을 구제하기 위해 설치한 ㉠ 흑창은 고려 성종 때 ㉡ 의창으로 이름이 바뀌며 확대되었다. 또한 고려 시대에는 ㉢ 상평창이라는 물가 조절 기관을 두었다.

## 04 고려의 경제 상황

숙종 때 제작된 해동통보에 대한 내용을 통해 (가) 국가가 고려임을 알 수 있다.

② 고려 시대에는 예성강 하구의 벽란도가 국제 무역항으로 번성하였다.

① 조선 후기에 모내기법이 전국적으로 확산되었다.

③ 낙랑군과 왜 사이에서 중계 무역을 이룬 나라는 삼한의 변한이다.

④ 통일 신라 장보고가 청해진을 중심으로 해상 무역을 전개하였다.

### 역 사 논 술

돈이 만들어지기 전에 사람들은 자신이 가진 물건과 다른 사람이 가진 물건을 교환하는 물물교환의 방식으로 필요한 물건을 구했다. 하지만 물물교환으로 물건을 구할 때에는 내가 가진 물건을 필요로 하는 사람을 찾아야 했으며, 서로가 생각하는 물건의 가치가 다를 수 있어 불편함이 있었다. 또한 교환할 물건이 너무 크거나 쉽게 상하는 물건일 때에도 물건 간의 교환이 어렵다는 단점이 있었다. 때문에 사람들은 물물교환보다 편리하게 물건을 사고팔 수 있는 돈을 만들기 시작했다. 사람들은 물건 값을 약속으로 정해 더 이상 서로 생각하는 물건의 가치가 달라 갈등이 일어나는 일이 없었으며, 잘 부서지지 않는 쇠로 돈을 만들어 더욱 편리하게 경제 활동을 할 수 있었다.

## 10 고려만의 독창적인 문화

❶ O  ❷ X 직지심체요절은 현재 프랑스 국립 도서관에 보관되어 있다.

❶ 삼국사기  ❷ ④

1. 김부식이 인종의 명령을 받아 편찬한 『삼국사기』는 우리나라에 남아있는 가장 오래된 역사서이다.

2. 고려는 부처님의 힘으로 몽골의 침입을 막고자 팔만대장경(재조대장경)을 제작하였다.

### 초능력 Level up 문제

01 ⑤
02 ②
03 직지심체요절
04 ③

## 01 고려의 문화유산

⑤ ㄷ, ㄹ. 이천동 마애여래 입상과 관촉사 석조 미륵보살 입상은 고려 시대에 제작된 불상이다.

ㄱ. 미륵사지 석탑은 백제의 문화유산이다.

ㄴ. 불국사 삼층 석탑은 통일 신라의 문화유산이다.

## 02 고려의 문화유산

② 『삼국사기』에는 단군 신화가 수록되지 않았다. 단군 신화가 수록된 고려의 역사서에는 『삼국유사』가 있다.

① 고려의 불교 행사로 연등회와 팔관회가 있었다.

③ 고려 전기에 송의 영향을 받아 건립된 월정사 팔각 구층 석탑은 다각 다층의 석탑이다.

④ 상감청자는 고려의 독자적인 상감기법으로 만들어졌다.

⑤ 팔만대장경은 현재 해인사 장경판전에 보관되어 있다.

## 03 직지심체요절

1377년 청주 흥덕사에서 만들어진 직지심체요절은 세계에서 가장 오래된 금속 활자본으로 현재 프랑스 국립 도서관에 보관되어 있다.

## 04 팔만대장경판

**자료 분석**

'합천 해인사', '부처의 힘으로 몽골의 침략을 물리치고자' 등을 통하여 (가) 문화유산이 팔만대장경(재조대장경)임을 알 수 있다.

**정답 찾기**

③ 몽골의 침입으로 초조대장경이 불에 타자 고려는 부처의 힘으로 몽골의 침입을 물리치고자 팔만대장경(재조대장경)을 제작하였다.

**오답 피하기**

① 고려 시대에 거란의 침입을 물리치고자 초조대장경을 제작하였다.

② 직지심체요절은 세계에서 가장 오래된 금속 활자본으로 청주 흥덕사에서 간행되었다.

④ 불국사 삼층 석탑 내부에서 현존하는 가장 오래된 목판 인쇄물인 무구정광대다라니경이 발견되었다.

### 🐶 배운 내용으로 빈칸 채우기

**09 고려 시대 사람들은 어떻게 살았을까?**

① 전시과  ② 문익점  ③ 벽란도
④ 의창  ⑤ 상평창

**10 고려만의 독창적인 문화**

① 삼국사기  ② 삼국유사  ③ 몽골
④ 직지심체요절

## 2권을 끝까지 해낸 나의 소감 써보기

memo

memo

# 설민석의 초등 한국사 ②

## 정답과 해설

초등학교

학년        반        번

이름

**어린이제품 안전 특별법에 의한 기타표시사항**

제품명 도서 | 제조자명 (주)단꿈아이
제품국명 대한민국 | 사용연령 7세이상
전화번호 031-623-1145
주소 경기 성남시 분당구 판교로 242, C동 701-2호
이 제품은 KC 안전기준을 통과하였습니다